Remember

しっかり覚えて上手に
忘れるための18章

記憶の科学

Lisa Genova
リサ・ジェノヴァ 著　小浜 杳 訳

白揚社

Remember
The Science of Memory
and the Art of Forgetting

アリーナ、イーサン、ステラ、そしてピーナッツに

目次

第3部　記憶力を伸ばすもの、妨げるもの

［　］は著者による補足、〔　〕は訳者による注。
本文中の引用について、邦訳情報が付されているものは既訳書からの引用、付されていないものは訳者による翻訳。

はじめに

一セント硬貨を思い浮かべてみてほしい。これまでに、数千回とは言わないまでも、おそらく数百回は見たことがあるはずだ。どんな硬貨かは難なく思い出せるに決まっている。記憶に焼き付いているはずだから。

だが、はたしてそうだろうか？　表に描かれた大統領は？　大統領は左右どちらを向いている？　本当に？　鋳造年が刻まれた場所は？　書いてある言葉は「自由《リバティ》」、それとも「われわれは神を信じる《イン・ゴッド・ウィ・トラスト》」？　裏面のデザインは？　いますぐ記憶だけに頼って、一セント硬貨の表裏両面の絵を細部まで正確に描いてみてほしい。確かに記憶しているはずなのに、こんなに少ししか思い出せないなんて、そんなことがあるだろうか？　まさか、記憶力に問題が生じたなんてことは……？

大丈夫。あなたの頭はこれでも、やるべき仕事をちゃんとこなしているのだ。

人間の脳は驚異的だ。脳は毎日、無数の奇跡を起こしている。見て、聞いて、味わって、匂いを嗅いで、触れている。痛みを、喜びを、温度を、ストレスを、さまざまな感情を感じ取っている。脳は計画を立て、問題を解く。いま空間のどこにいるかを脳が把握してくれるおかげで、壁に突き当たることもなければ、道路を渡ろうと歩道から足を踏み出す際に転ぶこともない。脳は言語を理解し、言語を駆使する。チョコレートが食べたい、セックスがしたいといった欲望を仲介し、他人の喜びや苦しみに共感する能力を生み出し、自己の存在への気づきをもたらす。そして脳は、記憶することができる。脳が起こす複雑で驚くべきあらゆる奇跡のなかでも、飛び抜けてすばらしいのが記憶だ。

何を学ぶにも記憶する力は欠かせない。記憶力がなかったら、情報や経験を保持できない。新しく知り合った人も、ずっと見知らぬ他人のままだ。記憶力がなかったら、この文を読み終わる頃には、あなたは一つ前の文を忘れてしまうだろう。あとで母さんに電話しようと覚えていられるのも、今夜寝る前に忘れずに心臓病の薬を飲めるのも、記憶のおかげである。服を着て、歯を磨き、このページを読み、テニスをし、車を運転するのにも記憶が必要だ。朝起きた瞬間から夜寝る瞬間まで、あなたは記憶をフル活用している。いや、寝ているあいだも、記憶は休みなく作られているのだ。

人生の大切な事実や瞬間が数珠つなぎになり、あなたの人生という物語と、あなたという個人のアイデンティティーが創られている。記憶があることで、自分がだれで、これまでどんな人間だったかという感覚が保てる。アルツハイマー病（アルツハイマー型認知症）のせいで個人的な歴史をはぎ取られた患者さんを目の当たりにしたことのある人は、人間的な暮らしをするという経験のために記憶がどれほど重要か、痛感しているに違いない。

だが日常生活のあらゆる場面に関わる、奇跡的で不可欠な存在でありながら、記憶は完璧からは程遠い。人間の脳は、人の名前を覚えたり、時間が経ってから忘れずに予定の行動をとったり、出合うものすべてをカタログに収めて覚えておくようにはできていない。不完全極まりないが、そもそもそういう初期設定なのである。どんなに優秀な頭の持ち主であっても、記憶に関しては誤りを免れない。円周率十万桁以上の暗記を成し遂げた人でも、奥さんの誕生日を失念したり、なぜ居間に来たんだっけと途方に暮れることがありうるのだ。

それどころか、私たちの大半は、明日になれば今日経験したことの大部分を忘れてしまう。それが積み重なればどうなるか？　私たちは、人生のほとんどを覚えていないことになる。去年一年間のうち、詳細に至るまで具体的に記憶している日が何日あるだろう？　たいていの人は、平均八日から十日しか覚えていない。最近経験した出来事のうちの、三％にも満たない量だ。五年前となると、さらに日数は減る。

しかも覚えていることの大半は、抜けがあって不正確だ。なかでも出来事の記憶は、省略や意図しない書き換えにさらされやすい。ケネディ大統領が暗殺されたとき、スペースシャトルのチャレンジャー号が爆発したとき、あるいは二〇〇一年九月十一日にツインタワーが崩壊したとき、どこにいてだれと何をしていたか、ご記憶だろうか？　こうしたショッキングで心を揺さぶられる事件の記憶は、何年経っても鮮明に覚えているような気がするものだ。だがあの日のことを一度でも話したり、読んだり、ニュースで見たりしていたら――有り金全部賭けてもいいが、あなたが自信たっぷりに脳内にとどめている詳細にわたるその記憶には、実際には経験していないことが山ほど盛り込まれているはずだ。

正確かどうかはひとまずおくとして、脳はどんなことを覚えているのだろう？

ファーストキス
6×6の答え
靴ひもの結び方
息子が生まれた日
祖母が亡くなった日

虹の色
自宅の住所
自転車の乗り方

では、脳がまず間違いなく忘れていることは？

十回目のキス
水曜日の晩ごはん
スマホをどこに置いたか
小学校五年生のときの担任の先生の名前
五分前に初めて会った女性の名前
数学の方程式
ゴミ出し
Wi-Fiのパスワード

なぜファーストキスは覚えているのに、十回目のキスは覚えていないのだろう？　覚えていることと忘れてしまうことを分ける条件は？　記憶のはたらきはきわめて効率的だ。端的に言えば、人間の脳は意味があることを覚えておくよう進化した器官だ。意味がないことは忘れるのである。実際、日々の生活の多くは、日課となった、取るに足らない習慣的な事柄で占められている。シャワーを浴び、歯を磨き、コーヒーを飲み、勤務先に行き、仕事をし、昼食を食べ、帰宅し、夕食を食べ、テレビを見、ソーシャルメディアにだらだらと時間を費やし、寝る。毎日毎日、そのくり返し。先週どの服を洗濯したかなど覚えていない。それでいいのだ。たいていの場合、忘れた内容は解決しなければならない問題などではない。

十回目のキス、先週の洗濯物、水曜日のランチ、それに一セント硬貨の表のデザインを思い出せなかったところで、たいしたことではないという点には、おそらくだれもが同意するだろう。こうした瞬間やディテールは、特別重要なわけではない。ところが私たちの脳は、気にかけている大事なこともよく忘れてしまうのである。私はできれば娘が延滞している図書館の本を忘れずに返したいし、どうしてキッチンに来たのだったか覚えておきたいし、メガネをどこに置き忘れたか思い出したい。どれも私にとっては大事なことだ。こういう類のうっかりは、忘れるほうが脳にとって効率がよいからではなく、記憶の形成と想起を助けるのに必要な材料を脳に与えなかったために起きる。こうしたありふれた物忘れは、脳の作りが引き起こす、正常な現象だ。だが大事なことをうっかり忘れたときに、これが正常だとはなかなか考えられない。たいていの人は「記憶の取扱説明書」に通じていないからだ。記憶のプロセスがどのようにはたらくかがわかれば、記憶力を高め、物忘れを減らすこともできるかもしれない。

たいていの人はうっかり忘れを気に病むが、物忘れのほとんどは性格上の欠陥でも、病気の症状でもなく、心配すべきことですらない。当然覚えているはずのことや、若い頃には思い出せたことを忘れるたびに、私たちは心配し、恥ずかしく思い、恐怖に駆られる。記憶力は年齢とともに低下し、失望の種となり、やがては失われるのだという考えが頭を離れなくなる。

神経科学者であり、『アリスのままで』(古屋美登里訳、キノブックス)の作者でもある私は、十年以上前から、世界各地でアルツハイマー病と記憶に関する講演を行っている。講演のたびに必ず何人もがロビーで私を待ち構えるか、トイレで私の前に立ちふさがるかし、自分の記憶力や忘れっぽさに関する不安を訴えてくる。多くは、いま現在、あるいは過去に、親や祖父母や配偶者が認知症を患い、深刻な記憶障害が引き起こす惨状や悲嘆を目の当たりにした方々だ。そのために、ネットフリックスのパスワードを忘れたり、ティナ・フェイが主演した映画のタイトルが思い出せなかったりすると、もしやこれは、あの逃れられない病魔に自分もまた蝕《むしば》まれつつある兆候ではないかと心配になるのである。

忘れることが怖いのは、加齢やアルツハイマー病が恐ろしいからだけではない。ほんのわずかでも記憶する能力を失うことが恐ろしいのだ。記憶が人間の機能やアイデンティティーの中核をなしているからこそ、忘れっぽくなり、言葉をど忘れし、鍵やメガネやスマホを置き忘れるようになったときに、不安がせり上がってくるのだ――「私が私でなくなってしまうのではないか？」と。思わず恐怖に駆られるのも無理はない。

たいていの人は不倶戴天《ふぐたいてん》の敵のように物忘れを忌み嫌うが、忘れることは、乗り越えなければならない障害ではない。しっかり覚えておくためには、忘れることが欠かせないことも多い。それに、たまに物忘れをするからといって、記憶力が落ちたことにはならない。確かにイライラはさせられるものの、忘れるのは、人間であれば当たり前のことなのだ。記憶の機能の仕組みを知れば、困った失敗も軽く受け流せるようになる。また、よくある間違いや誤った思い込みをなくしたり、うまく避けたりすることによって、物忘れの多くを防ぐ方法もわかるようになる。

名前や駐車場所、今日のビタミン剤を飲んだかどうかをなぜ忘れてしまうのか、記憶はどのように形成され、想起されるのか、そしてなぜ物忘れは起きるのか――物忘れは病気のせいではなく、脳の進化の仕方に原因があるということ――を私が説明すると、客席からは決まって、ふうっと安堵の息が漏れる。こうした情報を知った聴衆のみなさんは、目に見えて安心し、感謝の表情を浮かべる。不安が解消され、記憶との新たな関係性を胸に会場を去っていく。知ることで、エンパワーされるのだ。

記憶を理解し、記憶が機能する仕組みを学び、記憶の驚異的な威力ともどかしいほどの弱点を――潜在的なスーパーパワーと記憶本来の脆弱性を――知ることで、記憶力を格段にアップさせられると同時に、防ぎようのない物忘れが起きてもさほど動揺しなくなる。経験に基づいて相応の期待をすることで、記憶力とのよりよい関係を築けるようになる。もう記憶を恐れる必要はない――そう気づくことで、あなたの人生は一変するかもしれない。

記憶は飛び抜けてすばらしい能力である一方で、いささか間抜けなところもある。どのビートルズの曲も歌詞がすらすら出てくるのに、自分の人生で起きたことの大半は覚えていない。高校一年で習ったハムレットの独白は覚えているのに、五分前に「買ってきてね」とパートナーに頼まれた品は買うのを忘れる。一セント硬貨の見た目を、覚えていると同時に忘れている。記憶力は人間のあらゆる行動に行き渡り、あらゆる行動を助けている。そしてそれは、忘れる力も同じだ。

本書を読めば、記憶がどのように形成され、どのように呼び出されるかがわかる。すべての記憶が同じように作られるわけではない。記憶には、さまざまな種類がある。いまこの瞬間の記憶、物事のやり方の記憶、知識の記憶、起きたばかりの出来事の記憶、予定した行動の記憶などだ。そしてそのどれもが、脳内では明確に異なる方法で処理され、まとめられている。ある種の記憶（一時的な暗証番号）は数秒しかもたないように作られている一方で、その他の記憶（結婚式の思い出）は一生残ることもある。作るのがたやすい記憶（やることリスト）と、思い出すのがたやすい記憶（娘の顔立ち）、そしてとくに忘れやすい記憶（木曜日の通勤の詳細）がある。きわめて正確で信頼できる類の記憶（車の運転の仕方）もあれば、まるで当てにならない記憶（起きたことの記憶全般）もある。

本書を読めば、どんな種類の記憶であっても、記憶を作るには注意を払うことが肝心だとわかる。注意を払わずにショッピングモールの駐車場に車を停めてしまうと、あとで車を見つけるのにひと苦労することになる。といっても、駐車場所を忘れたからではない。何も忘れてなどいない。注意を払わずにいると、そもそも駐車場所の記憶が作られないのである。

本書を読めば、自分が思い出せない記憶は一時的にアクセスできないだけで、ちゃんとした手がかりさえあれば取り戻せるのか（「ボヘミアン・ラプソディ」の歌詞がまったく思い浮かばなかったのに、だれかが歌い出しを口にしたとたんに最後まで歌えるようになる）、それとも永久に消えてしまったのかがわかる（ヒントをいくら出されても、ペロポネソス戦争が何だったかさっぱり思い出せない）。正常な物忘れ（ジープをどこに停めたかを忘れる）と、アルツハイマー病が原因の記憶障害（ジープを所有していることを忘れる）とを明確に区別できるようになる。記憶が意味、感情、睡眠、ストレス、文脈《コンテクスト》（前後の状況）に大きく左右されるものであることがわかる。だからこそ、脳が記憶し、忘れるものに対して、さまざまな方法で影響を与えることが可能になるのだ。

記憶は、覚えていることと忘れたことの総計であり、そのどちらにも理論と実践が存在する。あなたははたして、今日経験したことや学んだことを明日には忘れてしまうのか、それとも今日という日や学んだ内容を、数十年経っても細部に至るまで覚えていられるのだろうか？　どちらであるにせよ、あなたの記憶は奇跡のパワーを秘めており、まるっきり当てにならず、そしてやるべき仕事をちゃんとこなしているのである。

第1部　どのように記憶するのか

1

記憶の作り方入門

　ガーディアン紙によると、退職した日本人エンジニアの原口證《あきら》は、六十九歳のとき（たいていの人が高齢者割引や記憶力の衰えを連想する年齢だ）、パターンのない循環しない無理数である円周率を、十一万千七百桁暗記した。３・１４１５９……以下、十一万千六百九十五桁以上続く数字の羅列を、暗唱してみせたのである！　そんなまさかという気がするだろうか？　まったく同感だ。きっと原口は子どもの頃から神童だったに違いない、とお思いだろう。でなければ数学の天才か、サヴァン症候群なのだと。原口はそのどれでもない。正常だが老化しつつある脳を備えた、ごく普通の男性だ。ということは、つまり――さっき以上にまさかという声が聞こえてきそうだが――あなたの脳も、十一万千七百桁の円周率を暗記できるということである。

人間はどんなことでも学び、記憶できる。わが子の泣き声、知り合ったばかりの人の顔、車の駐車場所、四歳で初めて一人でサワークリームを買いにスーパーまで歩いていったときのこと、テイラー・スウィフトの新曲の歌詞。平均的な成人は、二万語から十万語の単語の音韻と綴りと意味を覚えている。チェスの名人は、可能な指し手をおよそ十万手記憶している。ラフマニノフの「ピアノ協奏曲第三番」を弾くコンサートピアニストは、三万個近い音符の織りなす調べを頭に入れている。彼らはバッハやショパンやシューマンを弾くときも、楽譜を必要としない。

人間の記憶力は、深い意味があるものや無意味なもの、単純なものや複雑なもの、あらゆる情報を保持できる。その潜在能力は無限に思える。「記憶せよ」と命じられれば、記憶力は何でも覚えようとする。そして条件が整えば、実際にどんなことでも記憶できるのである。

こんなすごいことを、記憶力はどのように成し遂げているのだろう？　そもそも神経学で言う記憶とは、何なのか？　記憶はどのように作られ、どこに保存され、どうやって呼び出されているのだろう？

記憶が作られると、脳は実際に姿を変える。頭の中にあるどの記憶も、あなたが経験したことに反応し、脳が持続的な物理的変化を遂げた結果だ。あなたは、知らない状態から知っている状態へ、今日という日をまだ経験していなかった状態から、今日という日を過ごした状態へと移り変わった。そして今日あったことを明日覚えておくためには、あなたの脳は変化する必要がある。

どのように変化するのか？　まず、経験したことの感覚的な要素、感情に関する要素、事実に関する要素が、五感の感覚器官で知覚される。見たり、聞いたり、匂いを嗅いだり、味わったり、触れたりしたことだ。

たとえば、いまが夏至の宵の口だとしよう。あなたは親しい友人と、家族連れでお気に入りのビーチに来ている。あたりの景色のなかでも目を引くのは、砂浜でサッカーをする子どもたちと、空を赤く染める見事な夕焼けだ。ポータブルスピーカーからは、レディー・ガガのなかでもとくにお気に入りの一曲、「ボーン・ディス・ウェイ」が聞こえてくる。娘が泣きながら駆け寄ってきて、真っ赤に腫れた足首を指差す。クラゲに刺されたのだ。さいわい、こんなこともあろうかと、友人がミートテンダライザー〔肉を柔らかくするパパイン酵素の粉末〕の小瓶を持参していた。テンダライザーを水と混ぜてペースト状にし、刺されたところにすり込むと、たちまち娘の足の痛みが消える（本当に効くのでお試しあれ）。潮風の香りと、たき火の煙の匂いが漂ってくる。口に広がるのは、冷えた辛口の白ワインと磯の風味に満ちた新鮮な牡蠣、そして焼きマシュマロとチョコレートをグラハムクラッカーで挟んだ、とろっと甘いスモアの味。

幸せな気分が湧き上がってくる。

子どもたちがサッカーに興じる光景は、本来レディー・ガガやクラゲ、牡蠣の味とは何の関係もない。だがこうした束の間の別々の体験が、ここでは互いに結びつくことによって、時間が経っても思い出せる記憶となる（「ねえ、夏至の日の夕方に、牡蠣とスモアを食べながら、レディー・ガガを聞いてたことがあったじゃない。子どもたちがビーチでサッカーしてて。あのとき、リトル・スージーQがクラゲに刺されたのよね。覚えてる？」）。もともと無関係だった神経活動がつながり、一つのパターンを形成するのである。このパターンは、その後、神経細胞（ニューロン）に起きた変化という形で維持される。神経回路の構造に生じた持続的な変化や結合は、新たにつながった神経回路を活性化することで、のちに再体験する――思い出す――ことが可能だ。これが記憶である。

記憶の形成は、四つの基本的な段階を踏んで起こる。一つ目が、「記銘（符号化）」。知覚したり注意を払ったりした光景、音、情報、感情、意味などを脳がとらえ、そのすべてを神経回路用の言語に翻訳し直すことだ。二つ目が、「固定化」。それまでつながりのなかった神経活動を、互いに結合した一つのパターンへとつなげること。三つ目が、「保持（貯蔵）」。神経活動のパターンが、ニューロンの持続的な構造的・化学的変化によって、一定期間維持されること。四つ目が、「想起（検索）」。つながった神経回路の活性化によって、学習したり経験したりしたことを思い返し、再生〔自力で思い出すこと〕し、知り、再認〔提示された選択肢を見て思い出すこと〕できるようになることだ。

意識的に思い出せる長期記憶を作り出すためには、四つの段階がすべて機能していなくてはならない。まず、情報を脳に入れる。次に、情報同士を糸のように織り合わせる。そうやってできあがった情報の布を、脳の持続的な変化という形で貯蔵する。最後に、望んだときはいつでも、情報の布を取り出せるようにしておくのである。

それまで互いに無関係だった神経活動が、どのようにつながって、たった一つの記憶として体験される神経回路となるのだろう？　結合の過程はよくわかっていないが、脳のどこで結合されるかは、かなりのところまで判明している。脳によって集められた、経験に含まれる情報――感覚器官による知覚、言語、だれが・どこで・いつ・何を・なぜ――を結びつけているのは、海馬と呼ばれる脳領域である。

脳の中央の深部に位置する、タツノオトシゴのような形をした海馬は、記憶の固定化に欠かせない部位だ。どのような点で欠かせないのか？　海馬は記憶をつなぎ合わせる。いわば、記憶という布の織工なのだ。「何があった？　どこで、いつ起きた？　どういう意味がある？　どんな気持ちがする？」。脳の異なる部位に生じたこうした断片的な情報を、海馬が一つにつなぎ合わせ、想起可能な関連付けられたデータの集合体である、神経回路へと織り上げる。その神経回路が刺激を受けると、記憶として体験されるのである。

つまり、あとで意識的に思い出すことのできる新しい記憶を作るためには、どうしても海馬が必要なのだ。海馬が損なわれると、新たな記憶を作る能力が正常に機能しなくなる。アルツハイマー病による記憶障害は、まず海馬で始まる。その結果、この病気の初期症状は、数時間前に起きたことや数分前に言われたことを忘れたり、同じ話や質問を何度となくくり返すという形で現れやすい。海馬が損なわれたアルツハイマー病の患者は、新たな記憶を作るのが難しくなる。

また、海馬が仲介する固定化は時間に依存するプロセスだ。海馬が損なわれると、この固定化のプロセスも阻害される場合がある。明日、来週、または二十年後に思い出せる記憶を形成するには、時間のかかる一連の分子レベルの事象が起きなくてはならない。だがそうした事象が起きている最中、つまり海馬でできたての記憶が処理されている最中にその処理が妨げられると、当の記憶は劣化し、場合によっては失われてしまうのである。

仮にあなたがボクサーか、アメリカンフットボールやサッカーの選手で、頭部を強打したとする。打撃があった直後に受けたインタビューでは、あなたはパンチのことや試合のこと、そのとき何が起きていたかを詳細にわたって語れるはずだ。だが次の日にインタビューされると、起きたことを何も覚えていない。海馬によってつなげられ、新たな記憶として保持されるはずだった情報の処理が邪魔されたことで、十分な固定化がなされなかったのだ。頭部への打撃で健忘（記憶喪失）が起きたのである。失われた記憶は二度と戻ることはない。

もうかなり前のことだが、ダイアナ元妃とドディ・アルファイドが死亡したあの交通事故で、唯一の生存者となったボディガードのトレヴァー・リース＝ジョーンズが事故に至るまでの詳細な経緯をいまだに思い出せないのも、おそらくは海馬の損傷が原因だろう。重度の頭部外傷を負ったリース＝ジョーンズは外科手術を何度も受け、その顔には顔面再建のためのチタンプレートが約百五十個埋め込まれた。衝突直前の経験を構成するさまざまな要素を海馬が完全に統合する前に脳が損傷を負ったため、経験の構成要素は脳内に貯蔵されなかった。その結果、衝突直前の記憶が作られずに終わってしまったのである。

ではもし海馬がなかったら、何が起きるのだろう？　神経科学史上最も有名なケーススタディが、半世紀以上にわたって何千という論文で「H・M」と呼称されてきた、ヘンリー・モレゾンの事例だ。ヘンリーは幼少期に自転車から落車し、頭蓋骨を骨折した。この頭部外傷と、てんかんの家族歴のどちらが原因かはわからないが、ヘンリーが十歳のときから、日常生活に支障をきたす重度の発作が定期的に起きるようになった。十七年経っても発作は弱まることなく、投薬治療の効果も見られなかったため、絶望したヘンリーは少しでも苦しみを軽減してくれそうな治療は何でも試す気になった。こうして一九五三年九月一日、二十七歳のヘンリーは、実験的な脳外科手術を受けることに同意する。

一九五三年は、ロボトミーなどの精神外科手術がまださかんに行われていた時代だ。双極性障害や統合失調症といった精神疾患や、てんかんなどの脳障害の治療法として、脳領域の切除や切断を含む粗っぽい外科手術が施されていたのである。現在ではこうした外科的介入はグロテスクで原始的であり、効果もないとみなされているが、当時は高名な神経外科医がごく普通に施術していた。ヘンリーの発作をなくすためにウィリアム・スコヴィルという神経外科医が行ったのは、左脳と右脳それぞれにある海馬と周辺の脳組織を切除する手術だった。

朗報もあった。ヘンリーの発作はほぼ完全に収まったのだ。性格、知性、言語能力、運動機能、知覚能力は、手術後も損なわれることなく保たれていた。そういう意味では、手術は成功だったとも言える。だが発作の苦しみが去った代わりに、ヘンリーは不幸にもまた別の悩みを抱え込むことになった。手術で被ったダメージは壊滅的だった。その後八十二歳で死去するまでの五十五年間、ヘンリーは新たな情報や経験を意識にとどめておこうとしても、数十秒間しか覚えていられなくなった。意識的に保持される長期記憶を、以後二度と作れなくなったのである。

ヘンリーはまるで一度も目にしたことがないかのように、同じ雑誌を何度も読み、同じ映画を何度も観た。主治医や自分を研究する心理学者に会うたびに、初対面であるかのように挨拶した。ブレンダ・ミルナーというカナダ人心理学者はヘンリーを五十年以上研究していたが、ヘンリーはその間、一度も彼女がだれかわからなかった。新しい単語は一つも覚えられず、一九五三年以後に現代人の語彙に加わった言葉――グラノーラ、ジャグジー、ラップトップ、絵文字など――は、ヘンリーにとって未知の単語であり続けた。ずっと口元でつぶやき続ければ、一つの数字を数分間は覚えていられたが、つぶやくのをやめたとたんにどの数字か完全に忘れてしまう。それどころか、数字を覚えておくように頼まれたという記憶も消え失せるのである。起きたことを数分後には忘れ、それきり二度と思い出すことはなかった。

つまり、あなたが今日知覚したり注意を払ったりした新たな情報、あなたが「面白い」「特別だ」「驚異的だ」「役に立つ」「意義深い」、あるいはまさに「覚えておくべきだ」と感じた新たな情報は、みな海馬で処理され、記憶として固定化されるのである。「覚えておくべきこと」に関わる脳のさまざまな部位を海馬がくり返し活性化し続けることで、こうした部位は互いに結合した安定した活動パターンとなる。いわば、海馬が配線を施すのだ。

海馬は新たな記憶の形成に欠かせないが、できた記憶は海馬にとどまるわけではない。では、記憶はどこに貯蔵されるのか？　一箇所ではない。最初に経験が記録されたさまざまな脳の部位に、分散して貯蔵されるのだ。脳の特定の番地に宿る感覚や運動と違い、「記憶貯蔵ニューロン」や「記憶野」は存在しない。視覚、聴覚、嗅覚、触覚、運動は、それぞれ個別の脳領域にマッピングすることができる。見たものを処理するニューロンは、後頭部にある視覚野に存在している。音を聞く聴覚野や、匂いを嗅ぐ嗅覚野もある。痛覚、温度感覚、触覚が宿るのは、頭頂部にある体性感覚野だ。足の親指をもぞもぞさせる動きは、運動野にある特定のニューロン群の活動としてマッピングできる。

記憶は違う。何かを思い出すとき、私たちは「記憶銀行」から記憶を引き出しているわけではない。記憶銀行などというものは存在しないのだ。長期記憶を宿す、脳の特定の部位は存在しない。

記憶は、出来事や情報を最初に経験したときに刺激された神経活動のパターンとして、脳のあちこちに貯蔵されるのである。昨夜のディナーの記憶を思い出すには、最初にディナーを経験したときに知覚され、注意を払われ、処理された、異なるニューロンの集合体と同じものが活性化されなければならない。仮にいま、昨夜のディナーの記憶の一部が活性化されたとしよう。だれかに、「ボストンのノースエンドにある《トラットリア・イル・パニーノ》で食事したことあるかい?」と聞かれたのだ。その質問をきっかけにして、連結された神経回路が活性化され、昨夜そこにいたときの記憶の多く、あるいはすべてがよみがえってくる（「穏やかないい晩だったな。彼女のティファニーと歩いて店に行ったんだった。ディナーのあいだ、ジョンがイタリア語会話を教えてくれたっけ。オーダーしたのは、マッシュルームリゾットだ。

うまかったなあ《デリツィオーゾ》！」）。

記憶は、関連する情報をつなぐ神経回路という形で、脳内に物理的に存在している。私の祖母は二〇〇二年にアルツハイマー病で亡くなった。祖母を思い出すとき、私の脳は視覚野にある祖母の姿かたちを活性化させ、聴覚野にある祖母の笑い声を活性化させ、嗅覚野にあるピーマンと玉葱のソテー（祖母がほぼ毎日食べていたランチ）の匂いを活性化させ、同様にリビングの赤いラグを、屋根裏部屋のドラムを、キッチンテーブル上の薄焼きクッキー《ピッツェル》の缶を活性化するのである。

記憶をよみがえらせるとき、私たちは、ひとまとまりに織られた体験情報のさまざまな要素を再活性化している。機能的磁気共鳴画像法（ｆＭＲＩ）を用いた脳機能イメージング研究によって、記憶を想起するという行為の一端が明らかになってきた。ＭＲＩスキャン中に被験者に記憶を呼び起こしてもらうことで、思い出したい情報を求めて本人が「脳内を探し回る」さまを、映像として見ることができる。最初は、せわしない脳活動が脳内の至るところで起きる。だが初めて情報を知ったときの神経活動パターンとマッチする神経活動パターンがあると、画像内の動きが安定する。そして驚くべきことに、その瞬間被験者は「思い出した！」と言うのである。

同様に、特定の写真を思い出している人の脳スキャンに映る活性化パターンは、その人が同じ写真を実際に目にしているときに生じる活性化パターンと、ほぼ同一となる。ミッキーマウスを思い浮かべてみてほしい。できただろうか？　あなたはいま自分の脳内を「のぞきこみ」、ミッキーマウスが「見える」ようになった。ちょうどいま活性化されているあなたの脳の箇所には、実際にミッキーマウスを見たときに活性化されるはずの、視覚野のニューロンが含まれているはずだ。記憶の中にあるイメージを思い浮かべるとき、あなたの脳は、あたかもそれが目の前にあるかのように活性化される。経験や知識を思い出す際には、最初に知覚したり、注意を払ったりした要素が、再び活性化されるのである。

ミッキーマウスのイメージの記憶が視覚野で活性化されると、ミッキーのその他の特徴、たとえば声なども思い出すことがある。ミッキーマウスを思い出すことで、ミッキーの姿とミッキーの声の両方を思い出す場合があるのだ。視覚野のニューロン（ミッキーの姿）の活性化がきっかけとなって、脳のあちこちに分散する関連したニューロンの活性化が引き起こされる。この例だと、そのうちの一部である聴覚野のニューロン（ミッキーの声）が活性化される。こうしてミッキーマウスのイメージを思い出すと同時に、ミッキーの声がよみがえるようになる。

だが記憶の想起は、DVDのメニュー項目やユーチューブのチャンネルを選んで、再生ボタンを押すのとはわけが違う。本のように記憶を読み、映画のように記憶を視聴することはできない。視覚的記憶は、スマートフォンのフォトライブラリ内で、自由に拡大縮小できる写真を探すようには呼び出せないのだ。記憶は写真とは違う。思い出すという行為はいわば連想による宝探しであり、まったく別々の場所にあって連結している脳の多くの部分の活性化を含む、再構成のプロセスなのである。記憶はリプレイできない。思い出せるだけだ。記憶の一部が刺激され、関連する記憶回路の活性化が引き起こされると、記憶の想起が生じるのである。

想起に必要な手がかりを作り、それを活性化すれば、夏至の宵の口にビーチで牡蠣とスモアを食べ、スージーQがクラゲに刺されたことも覚えておけるし……円周率を十一万千七百桁暗記することすら、夢ではなくなるのだ。

2 注意を払おう

それほど前のことではなく、四十代半ばの頃の話だ。私はケープコッドの自宅からマサチューセッツ州ケンブリッジのケンダルスクエアに行き、立体駐車場に車を停めた。時計を見る。急がなければならないのはわかっていた。数分後に二ブロック先で講演の予定があり、本当ならもっと早く着くつもりだったのに、遅くなってしまったのだ。立体駐車場を使う場合、いつもなら私は階数や区画番号の写真を撮り、駐車位置の記録を残しておく。でもこのときは講演に遅れるのではと焦り、駐車した場所の写真を撮ることもせず、ヒールのある靴で可能なかぎり速くその場を走り去った。さらに迂闊《うかつ》なことに、駐車場所を意識的に覚えておこうともしていなかった。

私はなんとか時間に間に合い、四十五分間の講演を終え、質疑応答を済ませ、著書にサインをした。その時点で一時間半ほど経っていたと思う。

駐車場に戻ってきた私は、車を停めたつもりの場所に歩いていった。だが車はない。周囲を行ったり来たりするうち、だんだん焦りが募り、絶望的な気持ちになっていった。いつまで経っても車が見つからないのだ。違う階を回ってみた。ヒールをはいた足が悲鳴を上げている。絶対に四階に停めたはずだけど、ひょっとしたら三階か、五階だったかもしれない。区画はAか、Bか、それともC？　わからない。まったく思い出せない。車がなくなってしまった。完全に消え失せたのだ。

この立体駐車場なのは間違いない。でも確かなのはそこまでだった。私はせり上がるパニックを必死に抑えながら、リモコンキーを押し続けた。キュッキュッという音が聞こえるか、ハザードランプの点滅が見えるかもしれない。何もなし。車両の盗難被害に遭ったと通報しようとしたまさにそのとき、出し抜けに目の前に車が現れた。車は私が停めた場所にあった。4Bの一角に。

ほっとすると同時に恥ずかしさに冷や汗をかきながら、私はとっさに、この腹立たしい顛末《てんまつ》を自分の記憶力のせいにしようとした。でも神経科学者としての自分には、それは違うとわかっていた。私が車を見つけられなかったのは、記憶力がお粗末なせいでも、健忘症や認知症、ましてやアルツハイマー病のせいではない。一時的に車を見失ってしまったことと記憶力とは、まったく何の関係もないのだ。

私が車を見つけられなかったのは、そもそもの初めに、駐車場所に注意を払わなかったせいなのである。

もし覚えておきたいことがあるなら、何はさておき、いま起きていることに「気づく」必要がある。気づきには、知覚（視覚、聴覚、嗅覚、触覚など）と注意の二つが必要となる。仮にいま、ニューヨークのロックフェラーセンターに飾られた、巨大できらびやかなクリスマスツリーの前に立っているとしよう。あなたは目の網膜にある、桿体《かんたい》と錐体《すいたい》と呼ばれる視細胞を通じて、視覚情報（形、大きさ、光の色）を受容する。この情報が神経シグナルに変換され、脳の後方にある視覚野へと伝達される。ここでイメージが処理され、実際に「見た」ことになるのだ。視覚情報はその後、認識・意味・比較・感情・意見などを司るほかの脳領域で、さらなる処理を施される場合もある。だがあなたがクリスマスツリーを見ることに意識を集中させないと、活性化されたニューロンは互いに結合されず、記憶が形作られない。ツリーを見たことすら、あなたは思い出せなくなる。

記憶は、目の前の景色や音声を途切れることなく記録し続けるビデオカメラとは違う。記憶として記録し、保持できるのは、注意を払った対象だけだ。すべてに注意を払うことはできないから、勢い、目の前で起きていることの一部は覚えておけるが、残りは覚えていないということになる。ビーチで過ごした夏至の宵の口を思い出してみよう。あなたが覚えているのは、スモア、レディー・ガガの歌、スージーQがクラゲに刺されたことだ。だがもちろんその場には、見たり聞いたり味わったり触れたりできるものが、ほかにもあった。同じ時間にその場にいた別の親は、ホットドッグ、ビール、蚊、アザラシを見たことを覚えているかもしれない。どれもあなたの記憶にはないものだ。同じ夕べをともに過ごしていても、注意を払ったものや払わなかったものによって、記憶は大幅に異なってくるのである。

感覚器官が毎日いかに膨大な量の情報にとりまかれているかを考えてみるといい。目覚めている時間を十六時間とすると、今日一日で、五感は五万七千六百秒のあいだ、休憩もとらずにはたらき続けなければならないのである。途方もない量のデータだ。目や耳や鼻や脳が一日にさらされる情報のほとんどは、覚えておけるわけがないし、実際に人は覚えていない。

みなさんもおそらく覚えがありそうな例を挙げてみよう。私はボストンのローガン国際空港からケープコッドの自宅まで、自分で車を運転して帰ることが多い。一時間ほど車を走らせ、まだあと四十分ほどの行程を残したところで、サガモア橋を渡る。ケープコッド運河に架かる、四車線、橋長四百二十九メートルの鋼アーチ橋だ。威風堂々たる、印象的な建造物である。空港からの帰り道、私はよくふと我に返る。「ちょっと待って。もう橋渡った?」。路肩を見ると、ルート6号線の五番出口まで来ている。ということは、十分前に運河を渡ったのだ。もうケープコッドに入っているというのに、あの巨大な橋を渡った記憶がまるでないのである。

もちろん、目は橋を見ている。視覚情報は両目で知覚され、橋のイメージが脳の視覚野に送られた。脳は間違いなく橋を見たのだ。何も、子どもの頃に経験した、どうでもいいような些細な事柄を思い出せと脳に頼んでいるわけではない。たった十分前に渡ったはずの橋の話なのに！

でも、私は思い出すことができない。そもそも、橋の記憶が作られていないからだ。感覚器官が情報を知覚するだけでは十分ではない。注意を向けることで神経に入力しないと、海馬は感覚情報を、長続きする記憶へと固定化できないのである。つまり私が橋に注意を払っていなかったから、橋を渡ったという経験は数秒で脳内からすべり落ち、跡形もなく消えてしまったのだ。

たったいま聞いた話、人の名前、スマホの置き場所、ものすごく大きな橋を渡ったかどうかを忘れてしまう一番の原因は、注意を払っていないからだ。注意を払っていないと、目の前にあったものでも思い出せない。たとえば、メガネをどこに置いたかに注意を払わなければ、メガネの置き場所の記憶は作られない。あとになってメガネが見つからず、イライラしたとしても、あなたが味わっているのは本当の記憶障害ではない。記憶が作られなかったのだから、あなたは何も忘れていないのだ。メガネが行方不明なのは、注意を払わなかったせいなのである（私の場合、たいていは頭の上で見つかります！）。

つまり覚えておきたかったら、まずは注意を払わなければならない。だが残念ながら、これがそう簡単ではない。現代はきわめて気が散りやすい時代だが、仮にそうでなくても、注意を払う行為は人間の脳には難しいのだ。サガモア橋を渡っていたとき、私は会話や楽しい白昼夢に気を取られ、注意力が散漫になっていたのかもしれない。もっとありそうなのは、ドライブの中でも橋を渡るという部分がとくに重要でなかったために、その部分を意識しなかったケースだ。橋を渡るという経験が、習慣《ルーティン》になっていたからである。私はあの橋を数百回は渡っている。歯を磨く、シャワーを浴びる、服を着る、朝のコーヒーを飲む、夕方職場から帰るといった日課と同じだ。これらは基本的に毎日決まりきった同じ日課であるため、私たちはあまり注意を払わない。そして注意を払わないから、記憶に残らないのである。人は興味深く、意義があり、新しく、驚異的で、重要で、感情的で、重大な結果をもたらすと思うことに注意を払いがちであり、したがってそうしたことを覚えておきやすい。こうした事柄は脳に記録される。それ以外のことを私たちは無視する。つまり、覚えていないのだ。

一九八〇年、私の父はハイテク企業の開発部長という新たな職についた。人事部の担当者と一緒に書類の記入を行ったときのことだ。電話番号はすらすらと書けたのに、住所記入欄に至って、父の手がはたと止まった。五年間も住んでいたのに、所番地がわからなかったのである。当時の父は、認知症のある老人などではない。三十九歳の有能な管理職である。人事部の女性は、ご自宅の住所をご存知ないなんて信じられませんと言った。もちろん知っている、と父は説明した。

「トラペロ通りを進んで、坂の下で左折して、最初の脇道を右に入る。左側の三番目の家が自宅だ」。通りの名前や番地を覚えようとしたことがないだけだ、それは重要ではないから、と父は言った。

人事部の女性は面白がって聞いた。「じゃあお聞きしますけど、ご自宅の色は何色でしょう？」

長い間《ま》のあと、父はにっこり笑った。「わからない。でも自宅の電話番号は教えられるから、妻に聞いてくれ」

いまでも父はこう言い訳する。「私は、そういうことは気にとめない性分なんだよ」

五年間、毎日――少なくとも千八百二十五回――出入りしながら、自分の家が何色かを知らないなんて、そんなことがあるのだろうか？　それだけ何度も道路標識や番地プレートを目にしながら、通りの名前も番地も覚えていないなんていうことが？　反復は間違いなく記憶を強化してくれるが、その前にまずは、強化の対象となる記憶を作り出す必要がある。そして注意を払わないと、記憶は作られないのだ。父は自宅の色にも、自宅のある通りの名前や番地にも、一度も注意を払ったことがなかった。そのために、そもそもの初めから、そうした情報は記憶として固定化されなかったのである。

父の逸話があまりにも突飛で信じがたいようであれば、もっとみなさんにも馴染みのある例を挙げよう。本書の冒頭で思い浮かべていただいた、一セント硬貨をご記憶だろうか？　熱心な一セント硬貨のコレクターで、硬貨の特徴をたびたび観察したり気にとめたりしている方以外は、おそらく記憶力だけで正確に思い出すのは難しかったに違いない。今度は、問題をちょっと易しくしてみよう。左の七つの一セント硬貨を見ていただきたい。

このうち六つは偽物である。さて、どれが本物だろう？　こう提示されても、絶対の自信は持てないのではないだろうか？

本項のもとになった一九七九年実施の実験では、同じような選択肢から実際の一セント硬貨を言い当てられたのは、被験者の半分以下にとどまった。ちなみに、本物はCである。「リバティ」の位置がわからなかったり、リンカーンの横顔がどちら向きか覚えていなくても、気に病むことはない。そうした細部は、あなたには重要でなかったというだけだ。間違えたところで、硬貨の価値が減じるわけでも、硬貨の使い方に問題が生じるわけでもない。一セント硬貨の表や裏のディテールが個人的には無意味だったため、あなたはこれまで注意を払ったことが

A　B　C　D　E　F　G

なかったのだ。数十年のあいだ、何千回となく一セント硬貨に触れてきたにもかかわらず、気にしたことがないために、デザインに関する情報の記憶が作られなかったのである。

若い世代の共感を呼びそうな例をもう一つ。アップル社のロゴは至るところで見かける、世界でも有数の認知度を誇るマークで、私たちの大半はこのロゴをノートパソコンやアイフォーン、広告で毎日目にしている。さてそれでは、若い方も年配の方も、試しにアップルのロゴを記憶力だけで描いてみていただきたい。自分の絵が一〇〇%正確だと、自信を持って言えるだろうか？　次のページに掲げた九つのリンゴを見て、本物のロゴを言い当てられるかどうか、やってみてほしい。

もとになった実験では、八十五人の大学生のうち、記憶力だけでアップルのロゴを完璧に描けたのはわずかに一人だった。*　一セント硬貨の実験では、与えられた選択肢から

本物を見分けられたのは、半数に満たなかった（四十七％）。さて、みなさんはいかがだっただろうか？　九つのリンゴのうちどれか一つを選んだあなたは、残念ながら外れだ。九つのリンゴはすべて偽物である。（＊実験では、八十五人の大学生のうち、五十二人がアップル信者、二十三人がマックかウィンドウズかにこだわらない人、十人が熱烈なウィンドウズユーザーだった。アップルのロゴを思い出したり、見分けたりする能力に、グループ間で差異は見られなかった。）

これほど普及しているアイコンをほとんどの人が見分けられないとは、いったいどういうことだろう？　世界の消費者に向けたアップルのロゴのマーケティングが、お粗末すぎたのだろうか？　もちろんそうではない。どの人も、ロゴを見れば、それがアップル社の製品だということはわかる。ただ、私たちはロゴや一セント硬貨の全体的で大まかなイメージを記憶しており、必ずしも細部を覚えているわけではないのだ。触れる機会が多いというだけでは、きちんと記憶しているという保証にはならない。やはり注意を払う必要があるのである。

みなさんにも大いに覚えがありそうな、仮定の話を考えてみよう。あなたはパーティーに出席している。友人のサラが、結婚相手をあなたに紹介する。「どうも、ボブです」と相手が言う。あなたも自分の名を告げ、握手する。二分後、まだ彼と語らいながら、あなたははっとあることに気づき、恥ずかしさと不安に駆られる。相手の名前をきれいさっぱり忘れてしまったのだ。

または、こんなケースもある。パーティーの数日後、スーパーでばったりかの男性と鉢合わせた。向こうは満面の笑みを浮かべ、「やあ、〇〇［あなたの名前］！」と言う。どの人かはわかっている。パーティーで知り合った彼だ。サラの旦那さん。でも、名前が思い出せない。仕方なく、あなたはこう言う。「ああ、どうも！」

なぜボブという名前を思い出せないのだろう？　相手が「どうも、ボブです」と言うのを、あなたははっきり聞いている。耳が詰まっているわけではない。聴覚野で単語の音声を受容し、言語を処理する脳領域で言われた内容を理解している。

だが、ボブという名前の音声を耳にしただけでは十分ではない。名前を覚えておくためには、注意を払わなければならないのだ。自己紹介がされたあと、ボブという名前の音声は、約十五秒から三十秒のあいだ脳内にとどまる。そのあいだに注意を払って覚えておこうとしないと、ボブの名はたちまち忘却の彼方に消え去ってしまう。そうなれば、海馬による固定化もされず、記憶として保持されることもない。だから結局、あなたはボブの名を忘れたわけではないのだ。注意を払わなかったために、そもそも彼の名前の記憶を形成していないのである。

注意を払うためには、意識的に努力することが必要だ。デフォルトの脳活動は、注意力のあるほうではない。注意力散漫な脳はすぐぼうっとし、白昼夢にふけり、オートパイロット機能をはたらかせ、バックグラウンドで絶えず同じことを考え続けている。このような状態では、新しい記憶を作るのは無理だ。何かを覚えておきたかったら、脳の電源を入れ、目を覚まし、意識的に覚醒して、注意を払わなければならない。

注意を払った対象が記憶になるということを考えると、何に意識を向けるかにも気を配ったほうがよいかもしれない。楽天家はポジティブな体験に注意を払うため、ポジティブな出来事が記憶として固定化される。落ち込んでいると、ハッピーな出来事や楽しい体験は記憶として固定化されにくい。幸福な経験は鬱々とした気分に合わないからである。暗く垂れこめた雲ばかりに意識が向いていると、晴れ間が出たことにも気づかない。人は、探し求めるものを見つけるものだ。毎日魔法のようなワクワクを探し、喜びと驚きの瞬間に注意を払っていると、そうした瞬間をとらえて記憶に残せるようになる。そうするうちに、やがては思わず笑みがこぼれるような思い出がいっぱい詰まった、人生の物語ができあがる。

つねにネットにつながり、気が散るものだらけの中で、「早く《ゴー・》、早く《ゴー・》、早く《ゴー》！」と急かされる時代、それが現代だ。スマートフォン、フェイスブック、ツイッター、インスタグラム、通知、メール、のべつ頭の中を駆けめぐるさまざまな思考——これらすべてが注意力散漫の原因となり、ひいては記憶力低下の原因となる。気が散る原因を最小限に抑えたり、取り除いたりすることで、記憶力は向上する。十分な睡眠時間をとり、瞑想し、ほんの少しカフェインを摂ることで（摂りすぎは禁物。就寝前十二時間以内も避けよう）、気が散るのを大幅に減らすことが可能だ。注意を払う能力を強化し、そこから長期記憶をしっかりと根付かせることもできるようになる。

　私と同世代のジェネレーションXの人は、まるで超人的な能力であるかのように、自分がいかにマルチタスクに長けているかを自慢する。同様にミレニアル世代は、ネットフリックスを観ながらスナップチャットをし、そのかたわら人と会話するのを苦にしない。だがそのときどきの行動や経験を覚えておきたかったら、どちらの世代のやり方にも問題がある。脳が記憶を作り出そうとしているときに注意が分散されると、記憶形成の可能性が大幅に低下するのである。たとえ気が散っているときに運よく情報が固定化されたとしても、それはおそらく、あとで完璧に思い出せるほど強固な記憶ではない。しっかりした正確な記憶を蓄えるためには、注意を一点に集中させることが欠かせないのだ。

だから私の話を本気で覚えておきたいというみなさんは、どうかスマホを下に置いてほしい。そして今度駐車した車を見つけられなかったときは、ちょっと待って。車の行方不明を記憶力のせいにし、なんてお粗末な記憶力だと当たり散らす前に、そしてパニックに駆られてアルツハイマー病ではないかと心配する前に、まずはこう自問してほしい。「そもそも、どこに駐車したかに注意を払っていたっけ?」と。

3 いま、この瞬間の記憶

新たな記憶の形成には注意を払うことが必要だが、注意を払うだけでは十分ではない。夏至の宵の口にビーチでの美しい夕焼けに目を引かれたからといって、五年後、いや五分後ですら、その夕焼けを覚えているとは限らないのだ。注意を払ったあとには、情報や経験をすぐには消えない記憶へと変える処理が、いま、この瞬間から開始される。

ヘンリー・モレゾンをご記憶だろうか？　てんかん発作をなくすために、左右の海馬を外科手術で除去された男性だ。海馬を失ったヘンリーは、新たな長期記憶を意識的に作って保持することが一切できなくなった。新しい知り合いは、いつまで経っても見知らぬ人であり続けた。新語、最近の歌、映画の筋立て、昨日起きたことは、どれも覚えられなかった。

だが、記憶力が完全に消え失せたわけではない。たとえばヘンリーは、医師から聞いた電話番号や短いリストなどを復唱することができた。もちろん、一分後には電話番号は忘れ、医師と電話番号に関する会話をしたこともまったく思い出せなくなる。それでも数秒のあいだだけは、十桁の数字を脳内にとどめておくことができたのだ。

ヘンリーは、ほんの一瞬であれば何でも記憶でき、絶えず反復し続ければ、もう少し長いあいだ覚えていられた。わずかのあいだなら情報を保てたことで、理路整然とした一文を話し、ほかの人に言われた内容を理解し、気をそらされたり邪魔されたりしなければ、指示に従うことが可能だった。だが海馬がないのに、なぜ覚えていられたのだろう？　数秒とはいえ、新しいことを記憶できたのはなぜなのか？　ヘンリーの脳には海馬はなかったが、前頭前野（前頭前皮質）があった。そして現在の瞬間を記憶するのは、この領域なのである。

いま、この瞬間に情報を意識にとどめておく力を、ワーキングメモリー（作業記憶）と言う。先週、昨夜、それどころか数分前に起きたことも、この力では保持できない。ワーキングメモリーが保てるのは、いま、この瞬間にあなたが注意を払っていることだけだ。

いま、この瞬間にも。

ワーキングメモリーは、現在という瞬間を覚えておく記憶力だ。たったいま知覚した光景、音、匂い、味、感情、言語の内容を、前頭前野にある容量の限られた、長続きしない保持スペースにとどめておく。ワーキングメモリーはつねに稼働しており、何であれたったいま経験したり、注意を払ったりしたことを、その場で使う（あるいは使わない）わずかなあいだだけ保っておく機能だ。

たとえばワーキングメモリーは、あなたがいま読んでいる文の出だしの記憶を、あなたが文末にたどりつくまで保ってくれる。そうしないと、文全体が理解できないからだ。ワーキングメモリーが瞬間と瞬間をつないでくれるおかげで、私たちは何が起きているかを切れ目なく理解できる。会話についていき、映画の筋立てを理解し、12×14の暗算をすることができる。スマホやコンピュータに入力するまでのわずかなあいだ、電話番号やパスワードを忘れずに意識内にとどめておけるのは、ワーキングメモリーを使っているからだ。

あっという間に消え去るワーキングメモリーの短命さは、たとえばこのような状況で実感できる。アルファベットや数字がランダムに並んだ十文字のWi-Fiのパスワードを教えてもらおうとしたところ、ペンを持っていないのに、相手が早口でパスワードを言い始めた。あなたは脳内をフル回転させ、最初の数文字を急いで心の中で復唱するが、見えないタイマーにチクタク、チクタク……と時を刻まれている気分だ。焦って呼吸もできないまま、あなたはみるみるうちに脳内から消えていくアルファベットと数字の羅列を、必死に記憶にとどめようとする。そして……「あのう、すみません、もう一回言ってもらえますか？」

見たものを一時的に保持しておくワーキングメモリーを、認知心理学の用語で「視空間スケッチパッド」と言う。すぐ消えるインクで、付箋にメモをなぐり書きするようなものだと考えてもらえばいい。聞いたことを覚えておくワーキングメモリーは、「音韻ループ」と呼ばれる。視空間スケッチパッドの聴覚版だ。いま耳にしたばかりの内容を瞬間的に頭の中でオウム返しにする機能で、いわば世界一短いサウンドトラックだ。

ワーキングメモリーの領域には、情報は長くとどめておけない。視空間スケッチパッドに視覚情報を、音韻ループに聴覚情報を保持しておけるのは、わずかに十五秒から三十秒程度。それだけだ。それ以上経つと、保持された内容は次に入ってくる情報と入れ替わる。人生は出来事の連続だ。周囲で、そして頭の中で起きていることを、あなたは絶えず聞いて、見て、考えて、体験し続けている（頭の中でも、いつも自分に話しかけていませんか？　ほら、いま答えたでしょう?）。次のデータがワーキングメモリー領域に入ってくると、それ以前に保持されていたものは外に押し出されてしまうのだ。

声に出して、または心の中で何度も反復すると、ワーキングメモリー領域にある同じ情報を長く保持することができる。今度もまた、パスワードを暗記しようとしているとしよう。パスワードを何度も反復すると、ブラウザでウェブページを再読み込みしたときのように、パスワードの情報がいわば現在の瞬間に何度も登場することになり、そのたびに十五秒から三十秒、時間が延びる。何度も何度も反復していけば、やがてパスワードは海馬で固定化され、より長く持続する記憶へと作り変えられる。

医師に「鼻を触ってください」と言われれば、ヘンリーは短時間ならその指示を覚えておき、鼻を触ることができた。指示を心の中で反復すると、さらに成功率は上がった。ワーキングメモリーがあるおかげで、寸時のあいだなら新しい情報を知覚し、理解することができたのである。だがワーキングメモリーの限りある保持能力を超えて、過去の記憶を意識的に思い出すことはできなかった。一分後には、医師の指示はヘンリーの脳内から消えてしまった。そのときにはもう、自分が鼻を触ったことも、医師に鼻を触るよう指示されたことも思い出せなかったのである。

ワーキングメモリーはきわめて短命なのに加え、保持できる容量も限られている。一度にどれくらいの情報を保持できるのだろうか？　その容量は驚くほど小さく、しかも意外なことにはっきりと特定されている。ワーキングメモリーの保持容量を初めて突き止めたのは一九五六年のジョージ・ミラーの研究だが、ミラーの発見は以後の追試にも耐えている。いわく、ワーキングメモリーで十五秒から三十秒のあいだ覚えておけるのは、「7±2」個の情報だけだという。

「待ってください」という声が聞こえてきそうだ。「電話番号は十桁でしょう。一度聞いただけで知らない電話番号を暗記できる私は、人並み外れた天才的なワーキングメモリーの持ち主なんですか?」。あいにくだが、それは違う。

7±2というマジカルナンバーは、情報を規則性や意味によって「チャンク」、つまりまとまりのあるグループに区切れば、それ以上に増やすことが可能なのである。チャンクで覚えるという技を、私たちは絶えず使っている。たとえばみなさんも、電話番号を覚えたいときに、以下のようにひと続きになった十桁の数字としては覚えないだろう。

6175554062

こうやって覚えるはずだ。

617-555-4062

十桁の電話番号がワーキングメモリー領域に収まるのは、十個ではなく、三個のまとまりに分かれているからだ。市外局番、三桁の市内局番、四桁の加入者番号の三つである。さらに、電話番号は独特のリズムと節に乗せて口にすることが多いが、それが音韻ループで情報を保持する際の助けとなる。

同様に、「20071206」というひと続きの番号をワーキングメモリーで保持するのは大変だが、「2007／12／06」なら難しくない。三つの意味のあるチャンクに分かれていれば、この数字を「二〇〇七年十二月六日」として容易に覚えておけるからである。

ここで、もっと説得力があると思われる例をお目にかけよう。あなたは以下の十八文字を、十五秒以内に、このとおりの順番で暗記できるだろうか？

ALMNVYESIGIANEAOSM

三十秒ならどうだろう？

訓練を積んだ記憶力の世界チャンピオンなどでないかぎり、三十秒でもおそらく無理なのではないだろうか。では、文字の順番を入れ替えたらどうだろう？

MY　NAME　IS　LISA　GENOVA（私の名前はリサ・ジェノヴァです）

今度は、このとおりの順番で暗唱できる？　朝飯前だろう。意味のある五つのチャンクに分かれていれば、簡単に、きちんとワーキングメモリー領域に収まるのである。だがスーツケースは同じでも、十八文字が意味を持たずに連なっているだけだと、詰め込むことができない。最後の文字を読む頃には、最初の数文字は記憶から抜け落ちてしまうのだ。

つまり、覚えたい内容をチャンクごとに区切れば、多くの情報をワーキングメモリー領域に収めることができるというわけだ。逆に言えば、扱う単語が発音に時間のかかる言葉だと、7±2個より少ない数しかワーキングメモリー領域に収まらず、したがって覚えることもできないということになる。音韻ループが扱えるのは、単語数にかかわらず、約二秒以内に発話できる内容だけだ。その内容を保持できるのも、十五秒から三十秒後にサウンドトラックが消えてしまうまでのあいだに限られる。

仮に、ワーキングメモリーを使って単語リストを暗記するとしよう。載っている単語の音節《シラブル》が多いと、暗記はより難しくなる。単音節語が五つ載ったリストであれば、人はワーキングメモリーを使って、平均九十%の再生率で思い出せる。ところが五音節語が五つのリストとなると、再生率は五十%に落ちる。五音節の単語は頭の中で読むのに時間がかかるために、記憶保持が困難になるのだ。

例題を出そう。練習はせず、次に掲げるリストを一度だけ読み、記憶力だけに頼って即座に復唱できるかどうか、やってみてほしい。

Spoon　スプーン
Ball　ボール
Pen　ペン
Rug　ラグ
Door　ドア
Toy　トイ〔おもちゃ〕

簡単にできたはずだ。頭の中で、音韻ループが単語のサウンドトラックを再生するのが聞こえたのではないだろうか？　今度は、同じことを——練習はせず、二度読むこともせずに——こちらのリストで試していただきたい。

Personality　パーソナリティ
Orthopedic　オーソペディック〔整形外科の〕
Architectural　アーキテクチュラル〔建築学の〕
Imagination　イマジネーション

Astrological　アストロロジカル〔占星術の〕
Excruciating　エクスクルーシエイティング〔激痛を伴う〕

違いがおわかりだろうか？　「アストロロジカル」あたりまで来ると、リストの最初のほうが消え始めるのがわかったのではないだろうか？　こう思われる方がいるかもしれない。最初のリストの単語は視覚化、つまり頭の中でイメージを思い浮かべやすかったから、二番目のリストより簡単に覚えられたのだ。視覚化が記憶の固定化と想起を助けたのだ、と。おっしゃるとおり、数十秒以上持続する記憶を形成する際には、視覚化が助けになるのは本当だ。だが瞬時にはたらくワーキングメモリーでは、視覚化を行っている時間はない。こうした追加の処理は施されないのである。公平な比較のために、今度は次のリストを試していただこう。

Nice　ナイス〔すてき〕
Sad　サッド〔悲しい〕
Help　ヘルプ〔助け〕
Fun　ファン〔楽しい〕
Cool　クール〔冷たい〕

Safe　セーフ〔安全だ〕

こちらは、特定のイメージを持たない抽象的な単語のリストだが、それでも最初のリストと同じように簡単に復唱できたのではないだろうか？　視覚的手がかりや連想は、長期記憶の固定化と想起には非常に大きな影響を及ぼす一方で、ワーキングメモリーでは作用しないのである。

では今度は、ページをめくることなく、一番最初のリストにあった六つの単語を思い出せるかどうか、やってみてほしい。「スプーン」という語からこのパラグラフまで読むのに、おそらく三十秒以上はかかっているだろう。つまり、あの六つの単語はもうワーキングメモリー領域には保持されていないのだ。もし覚えているとしたら、それは海馬がその単語を長期貯蔵のために処理しつつあるからである。

すでに見たように、「私の名前はリサ・ジェノヴァです」という文であれば、ワーキングメモリーでもたやすく保持できる。では、もっと長い複雑な文章ならどうだろう？　単語、文、リストに含まれる音節《シラブル》が多ければ多いほど、ワーキングメモリーで覚えておくのは難しくなる。多音節語が多く含まれる長々とした文章を読み、内容が頭に入ってこずに、思わずもう一度読み返したことはないだろうか？　スティーブン・ピンカー著『21世紀の啓蒙』に登場する、以下の文章を読んでみてほしい。

そのすべての状態のうちで、わたしたちから見て大局的に有用で秩序ある状態（たとえばある物体が別の物体より熱い状態。つまり、その物体の分子の平均速度が別の物体のものより速い状態）が偶然に発生する確率は、全可能性のなかのごくわずかな部分しか占めておらず、残りの圧倒的大部分を、それ以外の無秩序で利活用できない状態（たとえば二つの物体の温度差がなく、分子の平均速度が同じであることなど）が占めている。

（『21世紀の啓蒙』橘明美・坂田雪子訳、草思社）

一度読んだだけでは（あるいは何度も読んでも）すぐには理解できない、難解な文に感じられたかもしれない。なぜこの文がそれほど難解に感じられるのだろう？　チャンクごとに区切ったとしても、ワーキングメモリーの保持時間に収めるには文が長すぎ、複雑すぎるのだ。文末にたどりつく頃には、文頭で何が書いてあったか忘れてしまう。完全に理解するためには、もう一度文頭に戻って読み直さないとならないのは、そのためだ。

もっと短い、シンプルな文を読んでみよう。以下は、拙著『アリスのままで』の冒頭である。

一年以上前から、彼女の脳の中では、耳のすぐそばにある神経細胞がじわじわと活動を抑制されて死んでいたのだが、あまりにもひそやかに進行していたため、彼女は気づくことができなかった。

（『アリスのままで』古屋美登里訳、キノブックス）

こちらはおそらく、一度読んだだけで内容を理解することができたのではないだろうか。まだ文頭の単語を保持し、思い出せるうちに、文末までたどりつけたからだ。読点によって文が処理しやすい五つのチャンクに分けられており、文全体もおよそ七秒で黙読できる。ワーキングメモリーの処理能力で十分対応可能だ。だがその場合でも、読んで意味を理解したあと数秒経つと、この文は意識の域外へとすべり落ちていく。『アリスのままで』を読んだという方も、この文章を記憶力だけで思い出すことはできないだろう。単語を読んだからといって、単語を記憶しているわけではない。読むというのはそういうものではないのだ。いま読んだ文は、読み終わるのとほぼ同時にワーキングメモリー領域から破棄される。

映画を観る場合も同様だ。私は昨夜、子どもたちと『アベンジャーズ』を観た。それからまだ二十四時間経ってもいないが、正確に一字一句思い出せそうなセリフはない。一つもだ。でも、ちょっと待って。もし数十秒でワーキングメモリーの記憶がすべて消えてしまうのなら、みなさんは本書で読んだことをどうやって覚えておくのだろう？　読書をする意味などあるのだろうか？　なぜ私は今朝の朝食のメニューや、先週ダンスの先生が振り付けてくれた新しいジャズナンバーや、二〇一七年にTEDで行った講演の内容を覚えておけるのだろう？　人生は、十五秒から三十秒おきに再生されるリストや電話番号の連なりではない。だが、だとしたら、ワーキングメモリーは何のためにあるのだろう？

ワーキングメモリーは、一般に記憶と呼ばれるものへの入り口だ。いま、この瞬間に入手できる詳細な情報のうち、あなたの注意を引き、特別な意味や感情を付与された情報は、ワーキングメモリーの死すべき定めを免れ、海馬に送られる。そうした情報は海馬で固定化され、長期記憶となる。ワーキングメモリーとは異なり、長期記憶は、持続期間も容量も無限大と考えられている。

ちょうどいま、私はキッチンに座り、コンピュータにこの文を打ち込んでいる。見えているのは、自分の両手、コンピュータ、スターバックスのベンティサイズのカップ、そして未返信のテキストメッセージがあるというアイフォーンの通知だ。時刻は三時三十四分。どこかで芝刈り機がうなっており、自分がキーボードを打つカチャカチャという音や、冷蔵庫のブーンという音が聞こえる。お腹が空いた。これが私の現在であり、この情報は十五秒から三十秒のあいだワーキングメモリーに保持される。この瞬間に重大な意味でもないかぎり、こうした情報はワーキングメモリー領域から、意識のうちから、脳内からほぼ即座に消えてしまい、もう二度と戻らない。記憶として残らないのだ。

だが、もしこの瞬間に覚えておくべきことが何かあるなら――「私が打ち込んでいるのは、本書の最後を締めくくる一文だ」「テキストメッセージには、ジェシカ・チャステインが私の小説の映画化作品に主演したがっていると書いてあった」『いま、この瞬間の記憶』について書いている本章を、私は今後何十回となく読み返し、推敲することになる（それほど反復すれば、嫌でも覚えてしまうだろう）といった理由があるなら――その場合には、私がたったいま知覚し、重要だと思った情報は、ワーキングメモリーの一時的な保持スペースから海馬へと送り込まれる。そしてそれぞれ別個のはかない感覚情報は、海馬のニューロンによってつなげられ、たった一つの記憶へと――「今日うちのキッチンで起きたこと」というストーリーの記憶へと変化するのである。そうなったら、三十秒後には忘れてしまうはずだった「いま、この瞬間」のことを、私は何十年経っても覚えているかもしれない。

4 マッスルメモリー

注意を払われ、意味があるとみなされると、現在という瞬間が長期間持続する安定した記憶へと固定化される。長期記憶には、三つの基本的なタイプがある。情報の記憶、出来事の記憶、物事のやり方の記憶だ。

私はスキーが好きだ。小学校六年生のとき、いとこのキャスリーンのお下がりでもらった古いディナスターの板でスキーを覚えた。高校生のときは主にニューハンプシャー州で、大学時代はメイン州で、二十代はニューイングランドのあちこちで滑った。でもその後三人の子どもが生まれ、丘と言えば砂丘しかないケープコッドに移り、気づいたときにはもう、十年以上スキーをしていなかった。

ようやくスキーを再開したときのことはよく覚えている。山の上でいざ滑り出そうというとき、アイスバーンだらけの斜面を見下ろし、恐怖で交感神経系をざわつかせながら、（滑り方、ちゃんと覚えてるかな……）といささか心もとない思いに駆られた。私は深呼吸すると、腰とスキー板の先を正面に向けた。そしてどうやったのか考える間もなく、気づけば麓まで滑り下りていた。きっと顔には、してやったりの笑みを浮かべていたに違いない。私は心の中で快哉を叫んだ（自転車と同じよ。簡単、簡単！）。

昔習ったスキルを再現できるこの能力は、俗に「筋肉の記憶《マッスルメモリー》」と呼ばれている。集中的な練習を何度もくり返すことで、それまで無関係だった複雑な一連の動作がつながり、別個の動きをぎこちなく続けるのではなく、一つのなめらかな運動として行えるようになる。正確なパターンが記憶されれば、どうやって行うかをいちいち意識して考えなくても、流れるように、すばやく、より的確に実行することが可能になる。ピアノで「エリーゼのために」を弾くとき、あるいは車で出勤するとき、野球のボールをキャッチするとき、キッチンまで歩いていくとき、あるいは山の斜面をスキー板で滑り下りるとき、私たちは動いている最中に、動作の遂行方法に意識を向けることはない。ナイキの言葉を借りれば、「ジャスト・ドゥ・イット」である。五分前にパートナーに言われたことは思い出せなくても、マッスルメモリーは驚くほどに強固であり、数十年間の空白期間のあとでも思い出すことができる。

とはいえ、「マッスルメモリー」という呼称は誤解を生みやすい。ここで、この記憶の正当な持ち主である器官にその栄誉をお返ししたいと思う。体は一度覚えたチキンダンスを何度でも踊れるので、振付を覚えているのは腕や足のような気がするかもしれない。だが、チキンダンスの振付のプログラムは筋肉に宿っているのではない。それは脳内にあるのだ。

知っている動きを行えるのは、脳内で活性化された記憶のおかげだ。だがこの種の記憶は、私たちが「記憶」と聞いて思い浮かべるタイプの記憶とは少し違う。そうしたときに普通私たちが考えるのは、知っていることの記憶や（「八角形には辺が八本ある」「うちの電話番号は～だ」「地球は丸い」）、起こったことの記憶だ（「私は大学時代、ラグビーのプレイで前十字靭帯を損傷した」「ある講演のあと、ファレル・ウィリアムスがサムズアップをしながらニコッと笑ってくれた」「先週、私は結婚式に出席した」）。こうした記憶を、「陳述記憶」と言う。私はこれを覚えています、あるいは知っていますと陳述できるような記憶だ。陳述記憶の想起には、以前学んだ情報や、以前経験した出来事を意識的に再生することが必要になる。

たとえば、こう聞かれたとしよう。「映画『ユー・ガット・メール』でトム・ハンクスと共演した女優は？」。あなたは脳内の記憶を意識的に検索し、答えにたどりつけば、わかったと意識できる。問題が簡単すぎる、メグ・ライアンなのはすぐにわかったという方、ではこちらはどうだろう？「映画『スプラッシュ』でトム・ハンクスと共演した女優は？」。または、これは？「昨日、あなたがテキストメッセージを送った相手を全員挙げてください」。今度は、答えを見つけようと意識的に努力するのが自分でもわかったはずだ。

この種の記憶を思い出そうとしても、かゆいところに手が届かないもどかしさを味わうことがよくある。どうしてこの部屋に来たんだっけ？　あの人、なんて名前だったかな。私のスマホ、どこ？　陳述記憶の想起は大変でイライラする、ときに不毛に感じられる作業だ。私たちは意識的に努力して記憶を探し当てようとするが、知識や出来事の記憶を思い出そうとしても、うんざりするような骨折り損に終わることも多い。

マッスルメモリーは違う。運動スキルや手続き、つまり物事をどう遂行するかという部分に関する記憶だ。マッスルメモリーは無意識にはたらき、思い出していることに本人も気づかない。車を運転する、自転車に乗る、箸を使って食べる、野球で速球を打つ、歯を磨く、キーボードを打つなどは、いずれもマッスルメモリーだ。幼い頃には、だれもどれ一つとしてできない。その後、何度も練習をくり返し、微調整を重ねるうちに、やり方をマスターする。必要な努力を投じたことで、手順の記憶が形成されるのである。いまでは自転車に乗るときに、「えっと、どうやって乗るんだったっけ」といちいち考える必要はない。同様にアメリカの体操選手シモーネ・バイルズは、どうやってやるのか考えなくても、跳馬や床でひねり技や回転技を繰り出すことができる。一度覚えた手順は、即座に、楽々と、無意識のうちに想起される。

手順を思い出しているあいだも、本人はそのことにまったく気づかない。機械的に、自動で想起されるのである。自転車のサドルに腰を下ろしたら、あとはただ漕ぐだけだ。バイルズは伸身ユルチェンコ一回ひねりを軽々と跳び、ぴたりと着地を決められる。

では、マッスルメモリーはどこで、どのように形成されるのか？　ゴルフの練習を始めたとしよう。インストラクターがあなたにあれこれ指示を出す。「ボールと平行に、肩が足の真上に来るように立って。こういうふうに、腕を伸ばしたときにちょうどクラブフェースがボールに当たる位置で構えて。膝を軽く曲げて。もう少し伸ばす。グリップは力を抜いて。目はボールから離さない」。あなたは指示を受けながら、上半身をひねり、バックスイングし、ダウンスイングし、フォロースルーするやり方を教わる。

非常に正確で、反復可能な、自動化された動作（この場合はゴルフボールの打ち方）を作り出すためには、体を動かす個々の手順がつながらなくてはならない。手順が互いにつながって、たった一つの想起可能な記憶とならなければならないのだ。意味記憶（知識の記憶）やエピソード記憶（出来事の記憶）は、海馬で固定化される。一方のマッスルメモリーは、大脳基底核と呼ばれる脳の部位で一つにつなげられる。一連の動作の手順をくり返し練習すると、それは結合したニューロンの活動パターンへと変換される。同じスキルの学習を続けるにつれ、小脳と呼ばれる脳の部位が、インストラクターのように付加的フィードバックを与える（「もう少し左に立って。手首を曲げない」）。次第に、動作に修正や微調整が加えられていく。こうしてスキルが上達するのだ。

新たなエピソード記憶や意味記憶の形成には海馬が欠かせないが、マッスルメモリーの形成には海馬はまったく関与していない。頻発するてんかん発作を止めるため左右の海馬を外科手術で除去されたヘンリー・モレゾンは、以後二度と、意識的に保持される新たな記憶を貯蔵することができなかった。だが驚くべきことに、新しいマッスルメモリーを作り出すことはできたのである。五分前に起きたことを忘れてしまうヘンリーも、物事のやり方は新たに習得できたのだ。

心理学者ブレンダ・ミルナーの最も有名な実験に、ヘンリーに鏡映描写を教えたものがある。紙に二重線で星形が描かれており、内側の線と外側の線のあいだをたどって、はみ出さないように星形を描くのが課題だ。だが、手元の紙や星形は装置で隠されており、ヘンリーの目には鏡に映った鏡像しか見えない。難しい課題で、ヘンリーも最初はあまりうまくできなかったが、何度もやるうちに上達し、最後は一度もはみ出さずに星形を描くことができた。つまり、学習できたのだ。この実験で、ヘンリーには星形の鏡映描写のやり方に関する長期のマッスルメモリーを作り出し、保持することが可能とわかった。だが術後に経験したあらゆる事柄と同様に、ヘンリーには鏡映描写を学習した意識的記憶はなかった。星形を描くたびに、生まれて初めてやっているように感じられたという。意識的な陳述記憶が忘れたことを、無意識のマッスルメモリーが覚えていたのだ。

マッスルメモリーの固定化には、集中的な練習のくり返しによる、活性化の反復が必要となる。いったんスキルに必要な神経活動のパターンが固定化されてしまえば、ゴルフボールの打ち方に関する記憶はその後、運動野にあるニューロンの活性化パターンとして保持される。このニューロン群は、脊髄内の経路を伝って、全身の随意筋にどう動くかの指令を送っている。左足の親指をもぞもぞさせろ。右手の人差指で指し示せ。空中に跳躍して、グラン・ジュテを行え。ゴルフクラブでボールを打て。これらはどれも、運動野にあるそれぞれ別個のニューロンの発火としてマッピングできるのである。

ほかの類の記憶と同様に、マッスルメモリーも何度もくり返すことで強化され、効率よく想起されるようになる。結合されたニューロンが体の動かし方の指令を出すため、練習すればそれだけ動きも上達する。やがて練習を積んだスキルは安定し、着実なものとなっていく。

このように上達するのは、筋肉が鍛えられるからでもある。百十メートル障害走を何度もくり返し練習すれば、短距離走とハードルを飛び越えるのに使う筋肉が強化され、競技に特化した筋肉がつくことによる上達が見込める。だが転ばずにハードルをすばやく飛び越える能力が向上したのは、主に、脳内の特定の神経回路（シナプス結合）がくり返し活性化され、強化されたためだ。大腿四頭筋が大きくなったからといって、それだけで障害走がうまくなるわけではない。たとえ私が一日中スクワットをやり続け、ムキムキの大腿四頭筋をつけたとしても、一台目のハードルをきれいに飛び越えるのさえ無理だろう。練習で障害走がうまくなるのは、そこに関わる脳の領域が大きくなるからなのである。

初心者から熟練者へと成長を遂げると、そのスキルによって活性化される運動野の部位が拡大することが、脳スキャンを使った研究でわかっている。たとえばピアノを弾く人は指の動きを司る運動野の部位が大きくなり、名ピアニストは初心者に比べ、その変化がより広範囲で起きるという。いかなる分野であっても身体的スキルのエキスパートになるということは、そのマッスルメモリーに、より多くの神経回路を充て、より多くの灰白質と白質を割いた結果なのだ。

何であれ、くり返し練習すれば、それによって脳が変化する。脳が変化すれば、体の動かし方が変わる。脳の変化に必要な練習量を正確に規定することは不可能だが、新たなスキルを獲得するには、名前や駐車場所を記憶する場合よりもはるかに多くの反復が必要となる場合が多い。マルコム・グラッドウェルの著書『天才！　成功する人々の法則』（勝間和代訳、講談社）で有名になった見解は、初心者が熟練の域に達するには一万時間の練習が必要だというものである。一見すると、一万時間というのはありえないほど長いように思える。たとえば私は、毎週一時間のダンスレッスンを受けている。先生にマーク・ロンソンの「アップタウン・ファンク」の振付を教えてもらっても、最初は動きがもたもたしてぎこちなく、ステップも間違えてばかりだろう。それでもあと二回か三回レッスンに出て練習すれば、振付が頭に入り、ミスなく踊れるようになる。ここまでたったの四時間だ。これはどういうことだろう？ 私は世界一のダンサーなのか？ とてもそうは思えない。

たった四時間で「アップタウン・ファンク」の振付をマスターできたという主張は、この曲の振付を習う以前に費やされた、何年もの鍛錬（とマッスルメモリー）を考慮に入れていない。私は三歳でバレエとタップダンスを始め、高校時代はダンスカンパニーに所属し、三十代にはボストンのジャネット・ニール・ダンススタジオで踊っていた。つまり「アップタウン・ファンク」のダンスを巧みに踊る能力は、私が生涯にわたる積み重ねで獲得してきた、マッスルメモリーを使った結果なのである。これまでの総練習時間を合計すれば、一万時間に達していてもおかしくない。

一万時間を超えれば魔法のようにスキルが会得できるわけではないが、集中的な訓練を数多く反復してこなすことで、どのようなスキルであっても相当の上達が見込めると、グラッドウェルは的確に指摘している。だが達人になれるかどうかと言うと、それは保証の限りではない。練習さえ積めば、アビー・ワンバックのようにサッカーボールを蹴れるのか？ シモーネ・バイルズのように跳躍できるのか？　できるかもしれない。でも身長百六十センチの私がいくら昼夜を分かたず練習したところで、マイケル・ジョーダンのようなダンクシュートを決めることは金輪際できそうもない。一部の人には、ある特定のスキルをほかの人よりうまくこなせるような頭脳や体格が、生まれつき備わっているのである。だがいくら体格に恵まれていたとしても、上達するためには、集中的で入念な練習を数多く積み重ねなければならない。マッスルメモリーを使った熟達の鍵は、反復である。

マッスルメモリーは陳述記憶とは異なる方法で形成されるが、想起の仕方も驚くほど違う。一度習得したマッスルメモリーは、意識して思い出そうと努めなくても再生される。実際にはやり方を思い出しているのだが、その過程は意識にはのぼらないのだ。自転車に乗るとき、私の脳内ではいろいろなことが起きている。記憶が想起され、ペダルの漕ぎ方、バランスのとり方、ハンドル操作の仕方、ブレーキのかけ方に関する神経回路が活性化される。だがそれでいて、このプロセスに私の意識は関わっていない。

シューマンのピアノ曲「幻想曲 ハ長調」を弾きたいとしよう。練習を始めた当初は、この曲を弾くには多くの処理を意識的に行い、集中的な努力を傾注し、つらい反復練習をこなさなくてはならない。ところが、ある一定の練習を積んだあとは――手続きに関する情報をマッスルメモリーにまとめ上げたあとは――記憶された音符の連なりは、無意識へと追いやられる。

あなたは楽譜を見なくても、個々の音符のパターンに思いをめぐらせなくても、この曲が弾けるようになる。鍵盤の上に手を置いただけで弾けるようになるのだ。

私たちは一日中、無意識にマッスルメモリーの想起を行っている。いまこの章を読みながら、あなたは本の読み方を意識しているだろうか？　いいえ。車を運転するたびに、十六歳のときに受けた教習のあれこれを意識的に思い出さなければならない？　いいえ。テニスでサーブをリターンするとき、ラケットの振り方の手順を逐一意識している？　いいえ。パソコンでメールを書くとき、タッチタイピングを習ったときのことを思い出している？　習ったときの記憶はあるかもしれない。私の場合は高一のときで、席は教室の一番後ろ、左隣は友だちのステイシーだった。ひたすら「AAA――SSS――DDD――FFF」と打たせられた退屈な練習をいまも覚えている。でもそんな私も、この章を書くのに当時のタイピング練習を思い出したりはしない。タイピングの仕方はすでに体で覚えている。そしてこの種の記憶では、意識的な想起は行われない。どうタイプするかを考えなくても、自然とタイプできるのだ。

脳がそうした作りになっているおかげで、私たちは多大な恩恵をこうむっている。〝脳〟株式会社のCEOと経営陣は、無意識で活性化する神経回路にマッスルメモリー業務を委託したことで、思考、想像、意思決定などの管理職業務に好きなだけ没頭できるようになった。すでにやり方を熟知している作業の遂行に忙殺されることもない。あなたが歩きながらチューインガムを噛み、同時に会話ができるのは、このおかげなのである。私も文を書いたり、文字をタイプしたり、単語を綴ったりする方法をいちいち考えることなく、読者のみなさんにお伝えしたいことだけに意識を集中して、本書を書くことができるというわけだ。

人間の脳がマッスルメモリーを作り出すキャパシティーは、無限である。大概のことなら、脳はやり方を学習できる。驚異的な能力と言えるだろう。九九を暗記し、外国語を習得できるのと同じように、脳はタンゴの踊り方を、編み物の仕方を、完璧なスパイラルのかかったアメフトのパスの投げ方を、逆立ちを、一輪車の乗り方を、飛行機の操縦の仕方を、サーフィンを、スキーを、親指でスマホのテキストメッセージを打つ方法を学習できる。オリンピック選手のレベルとまでは到底いかないにしても、これらのマッスルメモリーを習得することは可能なのだ。いま挙げたどのスキルに関しても、反復練習によって無意識の記憶を生み出すことで、その記憶が筋肉を刺激し、スキルを自動的に遂行するところまで持っていける。十分な練習を積めば、運動野のニューロンの結合を変化させ、かつてはどうやるのか見当もつかず、実行不能と思えたことを、楽々とこなせるようになる。自転車と同じだ。簡単、簡単！

5　脳内ウィキペディア

私はマサチューセッツ州に住んでいる。
意識的に想起できる新しい記憶を形成するには、海馬が必要だ。
私には三人の子どもがいる。
光速は秒速約三十万キロメートルである。
H_2Oは水の化学式だ。
パリはフランスの首都だ。
私は作家だ。
世界には、アルツハイマー病の患者が約五千万人いる。

注意を払われ、重要だとみなされたためにワーキングメモリーの死すべき定めを免れた情報は、海馬で固定化されたのち、長期記憶として貯蔵される。このように意識的に保持できるのは、知っていることや起きたことの記憶である。知っていることの記憶を「意味記憶」と言い、記憶内容は学習した知識や、自分の人生や世界に関して知っている事実だ。いわば、脳内のウィキペディアである。意味記憶の情報は、学習時の細かい状況を思い出さなくても想起できる。それは、個人的な「いつ」「どこで」とは切り離された知識である。意味記憶は、特定の人生経験に属さないデータだ。

起きたことの記憶、「いつ」「どこで」と密接に結びついた情報の記憶を、「エピソード記憶」と言う。エピソード記憶は、「覚えている」と表現する。「ブダペストに行ったときのこと、覚えてる?」というように。一方の意味記憶は、ただ頭で知っているだけの知識と感じられる情報だ。「ブダペストはハンガリーの首都だ」というのがそれに当たる。エピソード記憶は個人的なもので、つねに過去の記憶だ。意味記憶は情報の記憶で、特定の時間軸に縛られない。対象となるのは事実だけだ。

たとえば私は、光速が秒速約三十万キロメートルであることを知っている。私はその情報を、意味記憶から引き出してきた。もしこの豆知識を学習した特定の状況を思い出せるようなら、これはエピソード記憶でもあるということになるが、実際には思い出せない。

同様に、ジョージ・ワシントンがアメリカ合衆国初代大統領だということはみなさんもご存知だろうが、当時はまだ生まれていないから、ワシントンが大統領であったときの記憶はない。そしておそらく、実際にこの事実を知ったときの状況も覚えてはいないだろう。まだ小さい頃に学んだ知識で、そのときのエピソード記憶は時の経過とともに薄れてしまっているからだ。「いつ」「どこで」は忘れてしまい、学んだ内容だけを覚えている。それは、「ジョージ・ワシントンはアメリカ合衆国初代大統領だ」が意味記憶だからだ。

意味記憶は、歴代大統領、州都、数学の公式など、学校で習う内容ばかりではない。意味記憶には、あらゆる個人的なデータも保管されている。私は十一月二十二日に生まれた。誕生時の記憶はないが、自分の誕生日が十一月二十二日だということは知っている。登録フォームに入力するような個人情報――名前、住所、電話番号、生年月日、配偶者の有無など――は、意味記憶から想起されている。

脳内に保管されるデータはすべて意味記憶である。そのため、多くの情報を知りたければ、意味記憶の形成と想起の両方をスムーズに行えなければならない。私たちは、どうやってそれを行っているのだろう？　長期間持続する意味記憶の形成には、通常、学習と反復練習が必要で、情報を保持しようという意図的な目的意識がある場合が多い。暗記には、反復と努力が欠かせないのだ。だがそのなかでも、とくに効果的な反復と努力のやり方というものがある。
ときには、情報を記憶するのに必要な反復が、日々の生活の中に自然と組み込まれている場合がある。乳幼児が言語を習得する場合がそうだ。初めての言葉が「ママ」「ダダ〔パパ〕」「ババ〔ベイビー〕」「モア〔もっと〕」であることが多いのは、偶然ではない。発音しやすい単純な言葉であることに加え、両親が口にするのを何度となく聞いている単語だからだ。

私が毎日訪れるスターバックスのバリスタは、私がカウンターに近づくのを見ると、いつものチャイティーラテを作り始める。私は一言も発する必要がない。しかも、そうたやすく暗記できるようなオーダーではないのだ。「ベンティサイズ、ホット、シロップ二ポンプのチャイティーラテで、ミルクはココナッツミルク、お湯なし、フォームミルクなし」である（お恥ずかしい話だが、そう、私はいわゆる面倒くさい客の一人である）。この前、何人くらいのお客さんのカスタムオーダーを覚えているのと聞いてみたところ、五十人くらいでしょうかという答えだった。お客さんの顔と飲み物を関連付ける方法はバリスタによって違うだろうが、こうした意味記憶を形成するための共通点は、反復だ。バリスタが常連客のオーダーを覚えているは、客が毎日来店し、オーダーの暗記に必要な反復をバリスタの脳に与えているからである。

では、新たな意味記憶を徐々に脳に刻み込んでいくのに必要な、日々の習慣的な体験の反復をしている暇がない場合は、どうすればいいのだろう？　みなさんも、テストやプレゼンテーションのために付け焼き刃で勉強したことがあるはずだ。来週の試験までに、十二対の脳神経の名称とはたらきを、ミッドウェー海戦の詳細を、マクベスの「明日、また明日、また明日と……」の独白をすべて暗記しなければならないとしたら？　前日に一夜漬けで勉強するのと、一週間かけて少しずつ勉強するのと、どちらのほうが長期にわたって記憶を保持できるのだろう？

合計の勉強時間が同じなら、一夜漬けよりも、何度かに分けて勉強したほうが効果的だ。情報を記憶したい場合、間隔を空けて復習したほうが、海馬が学習内容を完全に固定化する時間がとれるからである。これを「分散効果」という。分散学習を行えば、記憶内容の神経回路を劇的に強化してくれる、自己テスト（詳しくは後述）の機会も得られることになる。

そういうわけだから、テスト直前に徹夜で勉強するのは、できればやめたほうがいい。前夜に海馬に詰め込んだ内容をそのまま書けば、そこそこいい点数は取れるかもしれないが、一週間後、一年後にその情報を覚えている可能性はきわめて低い。学習したいことは、間隔を空けて、くり返し復習することだ。そのほうが記憶が長持ちし、内容も忘れずに済む。

情報にくり返し接すると、その記憶を保持するのに役立つということは、みなさんもとうにご存知だろう。小学校二年生のときに「はちさんにじゅうし」と何度も唱え、「8×3＝24」を頭に叩き込んだはずだ。だが情報を学習する際には、片っ端から丸暗記するよりもいい方法がある。

すでに述べたとおり、記憶には、脳への情報の固定化と、脳からの情報の想起というはたらきがある。覚えることと、思い出すことだ。新たなデータを効率よく学習したいなら、覚えたいデータを何度もくり返し脳に提示するだけでなく、何度もくり返し脳から想起する練習もしたほうがよいのである。

つまり、自分自身をテストする、自己テストを行うのだ。ただ闇雲に「はちさんにじゅうし」と唱えるだけではない。「8かける3の答えは?」と、何度も自問するのである。自己テストを行い、正しい答えにたどりつければ、暗記した情報を想起できたことになる。思い出す行為は、その記憶の神経回路を再活性化して強化し、記憶をより強固にしてくれる。暗記したいことをただくり返すだけでは、情報に受動的に接し、情報を受動的に何度も受け取っているにすぎない。想起は行っていないのである。その結果、記憶を強化してくれるはずの追加ボーナスを見逃している。くり返し暗記を試みるより、くり返しテストするほうが、効果が上がるのだ。

同様に、キャシーという女性に紹介されたら、握手するときに「お会いできて光栄です、キャシーさん」と相手の名前をくり返してみるとよい。これで、女性の名前を二回聞いたことになる。それだけでも効果があるが、さらに記憶の保持を助けるなら、自分自身をテストしてみよう。しばらく経ってから、「さっき会った女性の名前は、何だった?」と自問するのである。頭が真っ白になることなく、「キャシー」と答えられれば、次に会ったときにもキャシーの名前を思い出す可能性が高いだろう。

自己テストの効能を如実に示す実験がある。それまで一度もスワヒリ語に接したことのない被験者に、スワヒリ語を学んでもらうという実験だ。まず被験者全員に、スワヒリ語と英語が対になった単語ペアを四十組暗記してもらい、それからテストを行う。この勉強とテストのサイクルを交互に続ける。実験はコンピュータのモニター上で行われたが、単語帳を使った自己テストのようなものだと考えてもらえばいい。単語帳の表側に書かれたスワヒリ語を見て、対応する英語を言ったあと、カードをめくって正解の英語を確認する、というのと同様である。

被験者は四つのグループに分けられ、グループごとに異なる方式で勉強とテストのサイクルを行うよう指示された。

グループ1の被験者は、どの勉強サイクルでもすべてのスワヒリ語の単語を勉強し、前回のテストで正答したか誤答したかにかかわらず、どのテストのサイクルでもすべての単語のテストを受けた。

グループ2の被験者は、正答できたスワヒリ語はそれ以上勉強せず、次の勉強サイクルでは誤答した単語ペアのみを見るという方法で勉強を続けた。ただしグループ2の被験者は、どのテストサイクルでもグループ1と同じく、すべての単語のテストを受けた。

グループ3の被験者は、グループ1と同様にどの勉強サイクルでもすべてのスワヒリ語を勉強したが、テストサイクルでは誤答した単語のみのテストを受けた。グループ4の被験者は、誤答した単語のみ勉強し、誤答した単語のみテストを受けた。

以上のような勉強とテストのサイクルを四回くり返してもらったところ、ほぼ全員がすべてのスワヒリ語の暗記に成功し、学習曲線にグループ間の差はほとんど認められなかった。だが一週間後、暗記内容を覚えているかどうかの最終テストを被験者全員に行ったところ、グループ1とグループ2（毎回すべての単語のテストを受けたグループ）は約八十％のスワヒリ語を覚えていたのに対し、グループ3とグループ4（誤答した単語のみテストを受けたグループ）は三十五％程度しか覚えていなかった。学習内容全般の自己テストをくり返したかどうかで、記憶の再生率に二倍以上の開きが生じたのである。

情報を覚えておくためには、ほかに何が必要なのだろうか？　どのような種類の記憶であれ、記憶を作り出し、思い出すためには、意味が重要になってくる。これは、いくら強調してもし足りないほど肝心な点だ。それを示す好例がある。ベテランタクシー運転手と、タクシー運転経験のない学生というヘルシンキの二グループに、通りの名前のリストを暗記してもらった実験だ。通りが実際に運転できる道順でリストに並んでいると、ベテランタクシー運転手はテストで八十七％の道路名を思い出せたが、学生は四十五％しか思い出せなかった。

これはきわめて当然の結果だろう。経験豊かなベテラン運転手は、市内の通りに関するより多くの知識――すなわち意味記憶――をすでに脳内に構築している。学生よりも市内の地理に精通していて不思議はない。

だが、通りの名前がランダムに並んだリストを渡されると――つまり、リストの最初の通りと二番目の通りが実際には交わっていないといった場合には――ベテラン運転手と学生のあいだに、テスト結果の違いは見られなかった。このケースでは、道路名の並び順から意味がはぎ取られてしまったため、意味のある（実際にたどれる）道順で覚えるという方法に基づく、想起におけるベテランの優位性が失われてしまったのだ。

もう一つ例を挙げよう。二十六個から三十二個のチェスの駒を、現実にありうる局面の配置で並べたチェス盤を、わずか五秒間だけチェスプレイヤーに見てもらった実験がある。五秒経ってからプレイヤーに駒の載っていないチェス盤を渡し、いま見た盤面を再現してくださいと頼むのだ。はたしてプレイヤーの記憶力はどれほど高かったのか？　マスターやグランドマスターの称号を持つプレイヤーは、盤上の駒のうち平均十六個を再現できた。一方で、初心者の場合はわずか三個にとどまった。ここまでは驚くには当たらない。

だが、このあと話は俄然面白くなる。二十六個から三十二個の駒をランダムに配置すると

――つまり、実際の対局で実現可能かという点においては無意味な盤面にすると――マスターであっても記憶力の優位性を失い、初心者と変わらないわずかな個数しか覚えられなかった。十六個どころか、平均三個の配置しか記憶できなかったのである。マスターが超人的な記憶力を発揮できたのは、駒とその配置に意味があったからなのだ。記憶力全般が優れていたわけではなく、自分にとって意味のある盤面の記憶力に秀でていたのである。

　脳は、つまらないことや重要でないことを熱心に知ろうとはしない。知識を増やしたかったら、情報を意味のあるものに変えることだ。情報に意味を付加することで記憶を助ける方法が、覚え歌や語呂合わせなどを使った記憶術、ニーモニックだ。ピアノを弾く人は、ト音五線譜の線上の音符を、「いい子は全員ファッジをもらっていい（Every Good Boy Deserve Fudge）」などと覚えたのではないだろうか。実際の音符は、E音（ミ）、G音（ソ）、B音（シ）、D音（レ）、F音（ファ）である。語呂合わせの文章にしたほうが、単に「EGBDF」とアルファベットで覚えるよりも、暗記も記憶保持もしやすい。文章だと意味があるからだ。最初に十二対の脳神経を暗記するとき、私は以下のような覚えやすい語呂合わせを使った。「古《いにしえ》のオリュンポス山のそびえ立つ頂きで、フィンランド人とドイツ人がホップを眺めた（On old Olympus's towering top, a Finn and German viewed some hops）」。頭文字を順番に拾うと、「O、O、O、T……」となり、それぞれ「嗅神経《オルファクトリー》、視神経《オプティック》、動眼神経《オキュロモーター》、滑車神経《トロクリアー》……」が覚えられる仕組みだ。意味のある文に変えたおかげで、手がかりとなるヒントなしに脳神経の名称を丸暗記するより、暗記しやすくなっている。

単純な語呂合わせにとどまらない手の込んだ意味記憶の強化法も、数多く存在している。とくに効果的なのは、脳に備わる最もすばらしい二つの能力のうち、少なくともどちらか一つを利用した記憶術だ。その二つの能力とは、視覚的イメージ操作能力と、物が空間のどこにあるかを記憶する能力である。脳は、ほぼあらゆるものの視覚的イメージを容易に思い浮かべることができる。たとえば、イースターバニーの着ぐるみを着たオプラ・ウィンフリーが、巨大なニンジンをムシャムシャ食べているところを想像してほしい。想像できた？　もちろん、できたはずだ。ではそのオプラを、どこかに配置してみよう。あなたの家の、キッチンカウンターの上に座らせてみてほしい。ほらね。簡単に見えたでしょう？　しかも驚くなかれ、あなたがいま作り出したイメージは……じつは、非常に記憶に残りやすいのだ。

「でも、イースターバニーの格好をしたオプラがうちのキッチンカウンターに座っているイメージが、いったい何の役に立つんですか?」。それ自体は、何の役にも立たない。だが、もしあなたがこの視覚的・空間的イメージを、暗記したい内容と関連付けたら――覚えたい情報を想起するための、非常に強力な神経回路と手がかりを獲得したことになるのだ。

円周率を十一万千七百桁暗記した退職した日本人エンジニア、原口證をご記憶だろうか？

いったい原口は、どうやってそんなことをやってのけたのだろう？　原口をはじめとする記憶力競技者たちは、延々と連なる無意味な数字の羅列をチャンクに区切り、視覚的イメージに置き換えるというテクニックを用いている。原口はまず、数字をかなに置き換える。それから、かなを連ねて言葉にし、イメージを思い浮かべられるような複雑で意味のある物語を作り……日々のたゆまぬ練習によって、その物語を暗記するのである。

記憶力選手権の優勝者で、『ごく平凡な記憶力の私が1年で全米記憶力チャンピオンになれた理由』（梶浦真美訳、エクスナレッジ）の著者であるジョシュア・フォアは、また別の記憶術を用いている。フォアはまず、00から99までの二桁の数字すべてに、「人物（P）」が「対象物（O）」に何らかの「行動（A）」をとっているさまを当てはめて記憶する。その後、六桁の数字を二桁ずつの三つのチャンクに区切り、最初の二桁の数字はP、次の二桁の数字はA、最後の二桁の数字はOで表す。そうすると、この世にただ一つの「だれかが―何かに―何かをしている」場面ができあがる。たとえば「10」が「アインシュタインがロバに乗っている」、「57」が「アビー・ウォンバックがサッカーボールを蹴っている」、「99」が「ジェニファー・アニストンがベーグルを食べている」だとすると、「105799」という数字は、「アインシュタインがベーグルを蹴っている」場面になる。イメージがぎょっとするような、汚らわしい、異様で、醜悪な、アクションに満ちた、ありえないものであればあるほど、暗記はたやすくなる。

とはいえ、いざこうした記憶術（または類似の方法）を使って興味のある内容を暗記しようとなったら、膨大な量の情報を記憶しなければならなくなる。そんな頭脳労働など、考えただけでうんざりだというあなた。ご心配なく、私も同類だ。それほど暗記に打ち込もうという熱意も時間も、私にはない。トップレベルの記憶力競技者になりたいか、円周率十一万千七百桁を暗唱するのが一生の夢だというのでないかぎり、みなさんもご同様ではないだろうか。大概の人は、膨大な数字の連なりといった情報を暗記するだけの意欲も、必要性も持ち合わせていない。でも私たちの多くは、やることリストに書いた十項目や、Wi-Fiのパスワード、スーパーで買う六つの品物が何だったかは、できれば覚えておきたいと願っている。

日常生活で使うちょっとしたリストを覚えるのに役立つ、それほど面倒くさくない実用的な方法が、「場所法」、別名「記憶の宮殿」だ。初期の人類にとって、食べ物の在《あ》り処《か》、隠し場所、そして住《す》み処《か》に帰る安全な道筋を覚えておく記憶力は、生存に欠かせない大切な能力だったに違いない。幼児か八十歳か、勉強が苦手な生徒か宇宙物理学者かを問わず、人間の脳はモノの在り処をイメージで記憶できるよう進化している。

記憶の宮殿メソッドでは、もともとだれにでも備わっている視覚的イメージ操作と空間的イメージ操作のスーパーパワーを使い、覚えたい対象を物理的な場所と関連付ける。場所は宮殿である必要はないが、あなたが知っている場所でなくてはならない。

宮殿の代わりに自宅を舞台にするとしよう。敷地に入って、家の中を通り抜けるあいだに位置する、六つの場所やスポットを思い浮かべてほしい。私のルートはこうだ。郵便受け、玄関前の階段、玄関で靴を脱ぐベンチ、キッチンカウンター、オーブン、キッチンシンク。好きなルートで好みの場所を選んでかまわないが、実際にたどる道筋どおりの順番にしておくことと、簡単に思い出せるスポットにしておくことが大切だ。

たとえば、買い物に行きたいがスマホはなく、紙と鉛筆もないとしよう。外部の助けを借りずに、私は買いたい六つの品物――卵、バナナ、アボカド、ベーグル、歯磨き粉、トイレットペーパー――を覚えておかなければならない。そこで私は、こんなイメージを思い描く。メールボックスの中に卵があり、玄関前の階段の上にバナナが置いてあり、玄関のベンチにアボカドが置いてあり、ベーグルを持ったオプラがキッチンカウンターに座っており（さっきここに座ってもらいましたよね?）、オーブンの中に歯磨き粉があり、シンクの中にトイレットペーパーが置かれている。このあとスーパーに行ったときには、頭の中の記憶の宮殿を訪れ、自宅の六つのスポットを歩き回るだけでいい。メールボックスの扉を開ければ卵が見え、玄関先にはバナナが置かれているだろう。

買い物リストを作るか、あるいは記憶の宮殿メソッドを用いないと、私はきっとベーグルを買い忘れてしまう。連想、イメージ、場所などに紐付けられない漠然とした羅列だけでは、買いたい物が鮮明にしっかりと脳内に記銘されることはなく、その結果、想起するのも困難になる。記憶の宮殿メソッドが生み出す、イメージと場所に関連付けられた精巧な記銘は、進化した人間の脳の好みにぴたりとはまっている。記憶の宮殿が釣り針としてはたらき、あなたはやすやすと買いたい物を釣り上げることができる。脳内リストを順番どおりに読み上げ、周囲の賞賛を浴びることさえ可能だ。ただし、スーパーに買い物に行くことを忘れてしまっては、元も子もないが……。

本章で挙げたような方法――反復、分散学習、自己テスト、意味の付加、視覚的・空間的イメージ――を日常的に用いれば、意味記憶は間違いなく強化されるだろう。あなたはもっと多くのことを覚えられるようになる。抱負な知識は、世界のどこに行っても、うらやましい特質と考えられている。多くを知る人は頭のいい人だ。だが情報以外にも、覚えておけることはある。多くの情報を記憶できれば、SAT〔大学進学のための標準テスト〕で千六百点満点を取ったり、クイズ番組『ジェパディー!』の出場権を勝ち取るには役立つかもしれないが、知っている知識と記憶にある人生経験とが統合されてはじめて、人は賢くなるのだ。人間には知っていることの記憶に加え、起きたことの記憶もあるからである。

6　エピソード記憶

・一九七八年の大雪のあと、トラペロ通りの真ん中をそりで滑り下りたのを覚えている。
・生まれたばかりの長女を初めてこの腕に抱いた瞬間を覚えている。
・友だちのアシュリーとコールドプレイのライブを見に行ったことを覚えている。
・アカデミー賞授賞式の夜、マシュー・マコノヒーが「ジュリアン・ムーア、『アリスのままで』」と言った瞬間を覚えている。
・ジョーに会った夜を覚えている。

エピソード記憶（人生で起きたことに関する記憶）は、あなたが覚えている自分史だ。場所と時間に結びついた記憶で、人生経験の「いつ、どこで」に関する思い出である。エピソード記憶は、あなたの過去へのタイムトラベルだ（「ねえ、覚えてる？　あのとき……」）。

経験にはいつまでも忘れず、一生覚えているものもあれば、すぐに頭から抜け落ち、翌日には思い出せないものもある。なぜ一部の出来事はいつでも思い出せるほどしっかりと細部まで詳細に覚えているのに、ほかのことはまったく記憶に残らないのだろうか？　覚えている経験と、ゴミ箱行きの経験とを分ける条件は？　なぜ私たちは、起きたことをすべて覚えておけないのだろう？

あなたが覚えていないことから考えてみよう。

・五週間前の木曜日の晩ごはん
・三か月前の水曜日に子どもを学校に送ったときのこと
・火曜日の通勤の詳細
・四月のうち、どの日に洗濯をしたか
・金曜日の朝に浴びたシャワーのこと

これら忘れてしまった人生経験すべての共通項が何か、おわかりだろうか？　習慣《ルーティン》になっているということだ。私たちはこうした行動を、四六時中とっている。日々の生活の一部になったありふれた出来事は、なかなか覚えておくことができない。食事、衛生習慣、家事、通勤などは目覚めている時間のかなりの部分を占めているが、時間が経つとほとんど記憶には残らない。エピソード記憶は、代わり映えのしないことには興味がないのである。人間は普通の、よくある、予期したとおりの出来事の記憶は保持しない。こうした経験は、「いま、この瞬間」を過ぎれば忘れられてしまう。

私はいま五十歳だ。これまでに食べた夕食は一万八千回を優に超える。そのうち、明確に覚えている夕食の思い出が何回あるだろう？　ごくわずかしかない。

またスパゲッティ？　ふぁ〜あ、つまんないの。記憶消去。

では、どんなことなら覚えているのだろう？　脳は退屈でよく知っていることを記憶するのは大の苦手だが、意味のあること、感情に訴えること、驚いたことを覚えておく際には驚異的な威力を発揮する。記憶にあるディナーを思い出してみれば、そのどれもが何らかの形で特別だったことがすぐにわかるだろう。特別でなければ、とっくに忘却の彼方に消えていたはずだ。

たとえば、二〇一九年十一月二十八日木曜日の夕食に何を食べたかと聞かれて、あなたは答えられるだろうか？　おそらく無理だろう。でも、その日は感謝祭《サンクスギビング》だったと言ったら？　感謝祭は祝日で、ありふれた木曜とは違う特別な木曜日だ。そう聞かされれば、あなたも二〇一九年の十一月二十八日のディナーが何だったか、逐一答えられるかもしれない。わが家はピーカンナッツ・ロール、ラヴィオリ（うちはイタリア系なので、メニューには必ずパスタが入る）、七面鳥、シュークリームだった。

だれと一緒にディナーを食べたかも、おそらくあなたは答えられるだろう。そのとき着ていた服も覚えているかもしれない。その日の午後に試合をしたアメフトチームの名や、どちらが勝ったか、ひょっとしたらスコアさえ思い出せるかもしれない。その日の天気。叔父さんと政治の話をしたら言い合いになってしまったこと。夜、家族でまた『ホーム・アローン』を観たこと。一日の終わりにどう感じたか。特別な意味のある日だったために、起きたことの記憶が想起可能で、細部まで余さず保持されていたのだ。

だが、たとえば二〇一九年十一月三十日の夕食のメニューが何だったかと聞かれたら、どうだろう？　少しだけ現在に近づいたし、感謝祭のわずか二晩あとなのに、おそらくあなたの頭には何も浮かばないはずだ。十一月三十日の夕食に何を食べたか、だれと一緒だったか、何の服を着ていたか、どんな天気だったか、どんな気持ちがしたか、私は何一つ覚えていない。きっとその日はありふれた一日だったのだ。私たちはありふれた日を忘れる。その日のディナーが特別重要だったり、食事中に驚くべきことや感情を揺るがすようなことが起きたり、その日の経験をあとから思い出してしょっちゅう話題に上らせたというのでないかぎり、夕食の記憶は忘れ去られる公算が高い。

　今朝の歯磨きの経験を覚えていない理由の一端は、馴化《じゅんか》が起きたからである。私たちは、重要度の低いお馴染みの行為を無視することを学習したのだ。そして人間は、無視したことは覚えられない。記憶するためには、対象に注意を払うことが必要だからである。

　たとえば、あなたの夫は毎晩六時にシルバーのトヨタ・カムリで職場から帰宅するとしよう。毎週五日、来る週も来る週も変わらない。いつも六時になると、夫の運転する車が私道に入ってくるのがキッチンの窓から見える。だが、特定の日の夫の帰宅を記憶しているということはおそらくないだろう。どの帰宅の瞬間も基本的には同じだからだ。

　では、これならどうだろうか。今日はなんと午後五時に、女装した夫の運転する赤いフェラーリが、助手席にジョージ・クルーニーを乗せて私道に入ってきた。やだ、嘘でしょ！　こんなこと初めて！　どこをとっても驚きの連続だ。驚きという要素だけでも今晩を一生忘れられない晩にするには十分だが、あなたはおそらく知り合い全員にこのニュースを伝えようと、同じ話を何度もくり返すだろう。「ちょっとちょっと、聞いてよ！　旦那が帰ってきたんだけど、それが信じられないの！」。こうして語り直すたびに、あなたは記憶を再活性化し、経験の詳細を記銘する神経回路を強化し、記憶を強固にしていくのである。

　だが、夫がその後も毎日五時に女装姿で赤いフェラーリを運転し、ジョージ・クルーニーを連れて帰宅するようになったら？　そうなったら、しまいにはジョージ・クルーニーの出現にすら驚かなくなるだろう（想像できませんよね、わかります）。あの最初の晩のことはいつまでも覚えているだろうが、十回目、四十二回目、百十二回目の詳細は思い出せなくなる。この出来事に慣れて、馴化が起きたからだ。夫の驚きの帰宅は、スパゲッティの夕食、朝のコーヒー、歯磨きと同じになってしまった。これはもう日常の一部。たいしたことじゃない。だったら、さっさと忘れてしまおう、というわけだ。

強い感情を伴う人生の出来事《ライフイベント》は、長いあいだ記憶にとどまりやすい。成功、失敗、恋愛、屈辱、結婚、離婚、子の誕生、死などだ。感情を伴う経験のエピソード記憶は、感情を伴わない経験よりも記憶に残りやすいことを、多くの研究結果が示している。一般的に言って、出来事に伴う感情が強ければ強いほど、記憶も鮮明で、細部までつぶさに覚えていることが多い。

感情と驚きは、扁桃体と呼ばれる脳の部位を活性化する。扁桃体は刺激を受けると、海馬に強力なシグナルを送る。要は、こんなメッセージを送るのだ。「おい、海馬、いま起きていることはとんでもなく重要だぞ。こいつは覚えておいたほうがいい。記憶を固定化しろ！」。そこで脳は、あなたの経験を取り巻く文脈《コンテクスト》の詳細な情報をキャッチし、一つに結びつける。あなたがどこにいるか、だれと一緒か、いまがいつか、あなたがどう感じているかといった情報だ。感情と驚きは、いわば脳内をパレードする大所帯のマーチングバンドだ。そのおかげで、神経回路はいま何が起きているかに気づくのである。習慣的な出来事には、こうした感情や驚きが伴うことはない。

感情的な反応を引き起こす経験は、たいていは重要な出来事でもあるため、のちに思い返すことが多い。感情に駆り立てられた、意義深いこれらの経験譚を回想し、語り直すことで、記憶はさらに強固になっていく。

まったく予想もしていなかったことや、特に強い感情を伴う出来事を経験すると、「フラッシュバルブ記憶」として知られる記憶が形成されることがある。以下の出来事が起きたとき、あなたはどこにいただろうか?

- ジョン・F・ケネディ大統領が暗殺されたとき
- スペースシャトルのチャレンジャー号が爆発したとき
- O・J・シンプソンに評決が下されたとき
- ダイアナ元妃が亡くなったとき
- 二〇〇一年九月十一日
- トランプが大統領に選出されたとき

フラッシュバルブとはカメラのフラッシュに使われた閃光電球のことだが、フラッシュバルブ記憶とは、その名称が暗示する写真のような映像記憶ではない。だがフラッシュバルブ記憶には、そのとき自分がどこに、だれといたか、日時、着ていた服、自分や周囲の人が何と言ったか、天気、どんな気持ちがしたかなど、その出来事を取り巻く多くの鮮明で詳細な情報が含まれている。フラッシュバルブ記憶の情報量は、その出来事の前日の記憶や、下手をすると先週起きたことの記憶よりもはるかに多い。たとえば私は二〇〇一年九月十一日の朝の胸を締めつけられるような数々の瞬間を、詳細にわたって、これでもかというほど思い出すことができる。だがその前日の朝のことや、翌日の朝のことは何一つお話しできない。

フラッシュバルブ記憶は、あなたにとって衝撃的で、非常に大きな意味を持ち、恐怖・憤怒・悲嘆・歓喜・愛情などの強烈な感情を引き起こした経験に関する、エピソード記憶だ。驚くほど予想外で、自分にとって重大であり、感情を大きく揺さぶられるこうした経験の記憶は、いつまでも薄れることがないように思え、何年経ってもすぐに思い出すことができる。

フラッシュバルブ記憶のもととなる出来事は、社会的な事件や事故でなくてもよい。交通事故や親の死など、個人的な重大事の場合もある。また、ネガティブで悲惨な出来事である必要もない。パートナーにプロポーズされた日でもいいし、あなたがボストンの生まれなら、レッドソックスが二〇〇四年のワールドシリーズに優勝した瞬間でもいいのだ。

だが社会的な出来事のフラッシュバルブ記憶があるとしたら、それはあなたがその出来事に個人的なつながりを感じたからだ。O・J・シンプソン裁判の無罪判決やダイアナ元妃の事故死はいずれも衝撃的だったが、もしこれほど時間が経ったいまもこれらの出来事をテクニカラーで鮮明に記憶しているなら、あなたはこれらの出来事を私的なものとも感じているはずだ。何週間もテレビの前に張りついてO・J・シンプソン裁判を追い続けたあなたは、判決の行方が気になって仕方がなかった。そして何年も前にダイアナとチャールズ皇太子の結婚式の中継映像を見守ったあの日以来、あなたは大西洋のこちら側から、ひそかにダイアナ妃を敬愛していたのである。

たとえばイギリスで爆破テロが発生したというニュースを耳にしたら、私はあとで友人と話しているときにそのことを思い出し、「イギリスで爆破テロがあったの、知ってる？」と言うかもしれない。つまり、事実を想起したり、共有したりはするだろう。だが遠く離れた地で起きた事件であることや、世界で起きる暴力行為のすべてに感情的な衝撃を感じることはできないことから、このニュースを知ったときの私の記憶は、おそらく時が経てば薄れてしまうに違いない。

だが私には、ボストンマラソン爆弾テロ事件のフラッシュバルブ記憶がある。ボストンは地元で、ボストンマラソンのゴール地点には何度も立ったことがあるのだ。あの二〇一三年四月の月曜に自分がどこにだれといて、どんな感情がわき起こったか、私は細部まで生々しく覚えている。あの事件は衝撃的だった。恐怖と悲嘆がこみ上げ、これは自分に関わりのある出来事だと感じた。ボストンにゆかりのない人でも、世界中の長距離ランナーが同じようなフラッシュバルブ記憶を保持しているのではないかと思う。だがあなたがカンザス州やアルゼンチンの出身で、長距離ランナーでもない場合、ある年のボストンマラソンで爆弾テロが起きたということは知っている（意味記憶はある）かもしれないが、その日ニュースを聞いたときに自分の人生で何が起きていたかまではおそらく覚えていないだろう。

最も意義深いエピソード記憶がひと続きに連なって、あなたの人生という物語ができる。そうした一連のエピソード記憶全体を、「自伝的記憶」と呼ぶ。いわば人生のハイライトフィルムだ。初めてのキス。決勝ゴールを決めて優勝した日。大学を卒業した日。結婚式。初めて買った家への引っ越し。大きな昇進を勝ち取った瞬間。子どもが生まれた日。自伝的記憶の各章に収められた意義深い瞬間は、おとぎ話のような幸せなものばかりとも限らない。記憶の内容は、どんな人生の物語をあなたが紡ぐかによって変わる。人は、自らのアイデンティティーや世界観を満足させるような記憶を貯蔵しやすい。

私の知り合いのなかでも、友人のパットほど何事にもポジティブな人はいない。パットの自伝的記憶は、きっと笑いと感謝の念と感動に満ちあふれているに違いない。対照的に年がら年中不平を漏らしていたのが、亡き大伯母のアギーだ。大伯母の人生の物語――人生で起きたことのうち、大伯母が意義深いとして記憶にとどめていた記憶――は、苦悩と悲嘆の連続だった（子どもの頃、私は本気でアギー大伯母さんの本名は「アゴニー（苦悶）」だと思っていた）。同様に、自分は頭がいいと思っている人は、知的なことをした瞬間を覚えておきやすく、愚かな間違いをしでかした瞬間を忘れやすい。そういう人は、自分がいかに聡明だったかを示すエピソードばかり思い出し、物語ることで、そうした記憶をより強固に安定化し、自分が思っている自己像を強化するのである。

何の感情も生じない、平々凡々たる日々の習慣のディテールや、自分の紡ぐ人生の物語と一致しないとして打ち捨てられた思い出を別とすれば、私たちはどんなことを忘れてしまうのだろう？　起きたことの記憶に関しては、三歳までの記憶はほぼ皆無であり、六歳までの記憶もごくわずかにとどまる。最初期のエピソード記憶は、ごく短いショートストーリーだ。自分を主人公としたまとまりのある人生の物語からは完全に分離した、感覚的なスナップ写真にすぎない。大人になってから思い出せる最初のエピソード記憶の平均年齢は、三歳である。三歳以前の記憶は例外的であり、通常はきょうだいの誕生、両親の死や重病、新居への引っ越し、まったく予想外だった出来事などを含んでいる。そうでない場合は、じつはそれはエピソード記憶ではなく、家族から何度となく聞かされた自分の話をもとに形作られた、意味記憶であることが多い。

厚く垂れこめた幼児期健忘の霧が晴れるのは、六歳か七歳頃になってからだ。この頃になると、思い出は自分を主人公とする物語に結びついてくる。七歳以降の記憶は、言うなれば『私の人生の記憶』というネットフリックス・ドラマのシーズン1の第一話か二話を観ているような感覚に近い。一方、四歳のときの記憶を思い出すのは、シーズン途中でほかの番組の何話目かの一シーンをたまたま目にしたような感じだ。

なぜ私たちは幼児期に起きたことの記憶をほとんど保てないのだろう？　エピソード記憶を固定化し、保持し、想起する能力は、脳内の言語の発達と密接に関わっている。何が起きたかを逸話として語り、経験の詳細を組み立てて、後日思い出し共有できるようなまとまりのある物語へと作り上げるには、言語を操れるだけの解剖学的構造と神経回路が欠かせないのだ。大人になってから思い出せる出来事の記憶が、そのエピソードを描写できる言語能力を獲得して以降に限られるのは、そういうわけである。

フラッシュバルブ記憶以外では、どのような自伝的記憶が残りやすいのだろうか？　私たちは過去二年間に起きたことはかなりよく覚えているが、これは「新近性効果」のおかげだ。最近形成された記憶は、クモの巣をいくつも払ったり、屋根裏の物置の奥まで探す必要がないため、見つけやすいのである。

だが人生のエピソード記憶の大半は、十五歳から三十歳までのあいだに起きた出来事である場合が多い。この時期の出来事を最もよく覚えているというこの現象を、「レミニセンス・バンプ（記憶のこぶ）」と呼ぶ。これはなぜだろうか？　はっきりとはわからないが、多くの科学者は、意義深い初めての経験の多く――初めてのキス、恋愛、車、大学、セックス、仕事、家、結婚、子どもなど――がこの期間に詰め込まれているためではないかと考えている。この期間に、私たちは人生の物語を目的と意味で満たし始める。そしてすでに見たように、脳は意味のあることを覚えておくのだ。

エピソード記憶の形成と保持には、感情、驚き、意味が必要である。だが世界には、こうした要素を欠いていても、起きたことを覚えておける人がきわめて少数ながら存在する。「非常に優れた自伝的記憶（ＨＳＡＭ）」を持つ人々は、小児期後期からの人生で起きたことを、ほぼすべての日について、詳細にわたって記憶している。二〇〇一年九月十一日だろうと、一九八六年のなんでもない月曜日だろうと関係ない。ＨＳＡＭを持つ人々（これまでに判明しているのは、世界で百人未満である）は、特別な日かありふれた日かに関わりなく、あらゆる日に起きたことを覚えておける。要するに、衝撃や感情や意味がなくても、毎日をフラッシュバルブ記憶や初めてのキスのように鮮明に記憶しているのである。

ＨＳＡＭを持つ人に年月日を言うと、その人の人生に含まれる日であれば、数秒以内にそれが何曜日だったか、天気はどうだったか、その日自分がだれと何をしたか、自分の身の回りや世界で何が起きたか、それに対して自分がどう感じたかを答えてくれる。まるで魔法のようだが、これはカレンダー計算をしているのでも、ニーモニックなどの記憶術を使っているのでも、何か特別なトリックを練習して身につけたわけでもない。事実や情報に優れた記憶力を発揮するサヴァン症候群とも違う。HSAMを持つ人々は、人の顔や電話番号を記憶する、配管工に電話するのを覚えておく、鍵の置き場所を思い出すといった作業に関しては、ごく普通の記憶力しか持たない。だが起きたことの記憶に関してだけは、いまだ説明のつかない超人的な能力を発揮するのである。

たとえば、以下の四つの日付を見てみよう。

- 一九七七年七月二十日
- 一九八八年十月三日
- 一九九二年六月十五日
- 二〇一八年九月十四日

あなたは以上の日付それぞれに関して、以下の三つの質問に答えられるだろうか？

・それは何曜日でしたか？
・その日、あるいはその一か月前か一か月後に起きた、検証可能なニュースを挙げられますか？
・その日、あなたの人生では何が起きましたか？

私とご同様のみなさんには、答えられることはあまりないに違いない。一九八八年十月三日には私は大学一年生だったが、その特定の日に関する記憶はなく、それが何曜日だったかはわからないし、その日世界で何が起きたかも覚えていない。その他の日付についても、同じように漠然としたことしか言えない。当時の住所や、その頃よくやっていたことは答えられるが、個々の日付から具体的な記憶を呼び出すことはできない。

同様の質問を受けた際、HSAMを持つ人々の九十七％は曜日を正しく答え、八十七％は検証可能なニュースを挙げ、七十一％はエピソード記憶を思い出した。対して、私たち非魔法族《マグル》の結果はどうだっただろうか？　十四％が曜日を正しく答え（適当に答えても七分の一の確率で当たるため、これはまぐれ当たりだ）、一・五％が検証可能なニュースを挙げ、八・五％がエピソード記憶を思い出した。惨憺《さんたん》たる結果である。

ＨＳＡＭを持つ人々は、いったいどうやって人生（典型的には十歳以後）のほぼすべての日の詳しい出来事や曜日を、これほどやすやすと正確に想起できるのだろうか？

「一九八八年のある一日を思い出すのは、私にとっては簡単なことなの」。そう語るのは、テレビや映画、ブロードウェイで活躍し、シットコム『タクシー』のエレイン・オコナー・ナルド役で知られる女優、マリル・ヘナーだ。ＨＳＡＭを持つ、世界でも稀な人々のうちの一人でもある。「住所や電話番号を聞かれるのと変わらないわ」

先に挙げた日付から何を思い出すか聞いたところ、即座に返事が返ってきた。

「一九七七年七月二十日ね。曜日は水曜日よ。リチャード・ギアと共演した『愛の断層』の撮影中だったわ。一か月前にＬＡに越したばかりでね。その週末には、彼氏やジョン・トラボルタとサンフランシスコに出かけたの」

四つのどの日付に関しても、マリルはまず数秒以内に曜日を言い当てた。それからその日、またはその前後に起きた出来事が徐々に挙げられ、明らかになっていった。

「一九九二年六月十五日。月曜日ね。ああ、なんてこと、ロス暴動の直後だわ。市内全域がまだ封鎖されてた。あのときは、ダンスエアロビクス・ビデオのポストプロダクション中でね。その日は一日中、編集作業に追われてたわ」

二〇一八年九月十四日は、じつはランダムな日付に見せかけたひっかけ問題だ。だが私がこの日付を口にしたとたん、マリルは指摘した。「それって、あなたが『ゲッティン・ザ・バンド・バック・トゥギャザー』を観に来た日じゃない。千秋楽の週末だったわよね」。そのとおり。あのすばらしいミュージカルのニューヨーク公演の直後に、私はマリルと舞台上で初めて顔を合わせたのだ。

科学者はこれまでに、HSAMを持つ人々の脳の中で拡大しているのが認められる、九つの領域を特定している。だが脳領域が大きいために驚異的なエピソード記憶の能力を授かったのか、それともHSAMが原因でこれらの脳領域が拡大したのかは、いまだ判明していない。鶏が先か卵が先かという因果関係はひとまずおくとして、確実なのは、HSAMを持つ人々のエピソード記憶は、脳内でまずカテゴリーごとに整理され、それから日付に関連付けられるらしいということだ。

「年表を感じるの」とマリルは言う。「年表が見えるんじゃない。感じるのよ。お望みの日付に行くことのできる年表をね。左から右へずらっと並んでるんだけど、目で見えるわけじゃないの。固まり《チャンク》ごとにまとまっている感じ」

マリルはビートルズの「ヘイ・ジュード」が聞こえてきたすべての瞬間と、トムズ・レストランで食べたすべての食事を詳細にわたって記憶することができる。カレンダー上の日付はどれも、曜日、ランチメニュー、その日履いた靴などの記憶と結びつき、そうした情報をマリルはたちどころに思い出すことができる。昨年の出来事に関する記憶テストで、マリルは上位一％に入った。昨年三百六十五日に起きたことをほぼすべて覚えていたのである。マリルにとっては、何ら面白味のないありふれた日常と比べて、感情を揺さぶられた、意義深く驚きに満ちた経験のほうが思い出しやすいということはない。どの経験も、彼女は等しく覚えておけるのである。ある年に起きたことを思い出せと言われても、大半の人は八個か十個の出来事しか思い出せない。こうしたエピソード記憶能力の拙《つたな》さは、マリルにとっては不思議でしかない。マリルの驚異的なエピソード記憶能力が、その他大勢の私たちにとって不可解なのと同様だ。

マリルは自らのＨＳＡＭを貴重な天賦の才ととらえているが、これを呪わしい能力だと感じている人もいる。人生で一番つらい最悪の日々――別離や離婚、死別、あらゆる過ちや後悔、あらゆる敗北や屈辱――を、何年経とうと細部まで生々しく思い出してしまうからである。この超人的な記憶力が、彼らにとってはギリシャ悲劇さながらの暗澹《あんたん》たる結末しかもたらさない。起きたことをことごとく記憶できるという人類の究極の夢を叶えながら、そのためにかえって苦悩に苛まれているのだ。

つらい経験を忘れられない点ではマリルも同じだが、そのことでくよくよ悩むことはないという。むしろ過ちを学びの機会ととらえ、私の友人のパットと同じように、ポジティブな出来事に目を向けようとしているのだ。ＨＳＡＭがあろうとなかろうと、どのようなエピソード記憶に意識を向けるかは、主に自分次第だということだろう。

ＨＳＡＭを持たない大半の私たちは、意義深いエピソード記憶（「去年の結婚記念日はどう祝ったんだった?」）とありふれたエピソード記憶（「今朝はアレルギーの薬、飲んだっけ?」）の双方を、どうしたらうまく保持していけるのだろう? 今年のエピソード記憶を八個か十個より多く覚えておきたい場合、いまから何かできることはあるのだろうか?

ルーティンからはみ出そう。

行ったことのない街に旅行に行く、家具の配置を変える、誕生日の半年後（ハーフバースデー）を祝う、新しいレストランで食事する、などだ。週末に憧れの車をレンタルするのもいい。「あーあ、またバニラ味か」という日々は、起きたことを記憶するうえでは命取りだ。

デバイスから目を離して、顔を上げよう。

記憶するためには気づきが欠かせないが、スマホに目が釘付けだと、周囲で起きていることが視界に入らない。昨日スターバックスで列の真ん前にいたのは、幼稚園で一番の仲良しだった子かもしれない。でも列に並んでいるあいだじゅうフェイスブックをチェックしていたあなたは、アイスラテを飲みつつ思いがけない再会を楽しむ機会を逃してしまった。現在、成人のアメリカ人は、何らかのデバイスの画面の前で一日平均十二時間もの時間を過ごしている。睡眠時間を八時間とすると、画面を見ないで過ごしている時間は、一日たったの四時間だ。人生で起きていることを、詳細にわたって、豊かで現実味のある三次元の記憶として保ちたいのなら、デジタルの世界を抜け出し、三次元の世界で生きなければならない。

感じよう。

感情を揺り動かされる経験は、無感動の経験よりも記憶に残りやすい。起きたことをしっかり覚えておきたいのなら、自分の感情を解き放ってみよう。

記憶を蒸し返そう。

反復で記憶は強化される。起きたことを思い返し、そのことを電話で友人と話し、定期的に回想するようにすれば、記憶の保持に役立つだろう。

日記をつけよう。

今日体験したことを一つでも日記に書きとめておけば、その経験を将来思い出す確率が上がるが、それだけではない。記録をつけた情報は、今日起きたほかの出来事を思い出す手がかりとしてもはたらくのだ。心理学者ウィレム・ワーヘナールは六年以上にわたって日記をつけ、二千四百二件のエピソードを記録した。その結果、毎日時間を割いて日記を記すだけでも、エピソード記憶を鍛える強力な方法となることがわかった。ワーヘナールは日記をつけただけで、一度も読み返していないため、書きとめたとき以外でリハーサル（記憶保持のために行う反復のこと）をする機会は一切なかった。だが同僚が後日ワーヘナールの記憶力をテストしたところ、十分な手がかり（多くの場合は一つ以上必要だった）を与えられれば、ワーヘナールは過去六年間に日記に記した出来事のうち、八十％を思い出すことができた。日記をつけることで記憶力が上がったのである！

ソーシャルメディアを利用しよう。

デバイスを見るなと言った舌の根の乾かぬうちに何を言うかと言われそうだが、確かにソーシャルメディアにはよくない面が多々あるものの、有効利用することも可能だ。少なくとも、エピソード記憶を強化するのには役立つツールである。自分のインスタグラムやソーシャルメディアの過去の投稿を見返すことで、懐かしい記憶を楽しくたどることができる。写真や説明文が強力な手がかりとしてはたらくため、起きたことを想起しやすい。しかも思い出を時系列に沿ってきちんと保管し、ページの最上部につい最近の経験が提示されるソーシャルメディアは、出来事がいつ起きたかを脳が把握する助けにもなる。ソーシャルメディアをやっていない人は、アルバムやスマホに保存された写真を見返すのもいいだろう。

ライフログを始めてみよう。

脳はビデオカメラではないし、記憶は知覚したことすべてを記録しているわけではない。一方、日々進化し続けるテクノロジーは、脳や記憶の延長として使えるようになってきており、日々の生活をデジタルデータとして記録する「ライフログ」というSF小説のような概念がもはや現実のものとなりつつある。ウェアラブルカメラやオーディオレコーダー、さまざまなアプリを駆使すれば、画像、動画、音声による日々の活動のデジタルデータを収集できる。デジタルデータならば、後日好きなだけふり返り、再体験し、そしてもちろん思い出すことが可能だ。たとえば小型のウェアラブルカメラを（多くは首まわりに）装着し、三十秒ごとに自動で写真を撮り、位置情報をタグ付けすれば、その日一日の自伝的なデジタルデータの記録がとれる。そうした映像データを見返せば、その日の出来事のエピソード記憶が強化されるだけでなく、記憶を想起する手がかりとしてもはたらいてくれるだろう。

ここまでで、エピソード記憶について少しはご理解いただけたことと思う。人生で起きたことを記憶する能力を大きく左右するのが、感情、驚き、意味、ふり返ること、回想することだった。さてここで、みなさんにお知らせしなければならないことが一つある。ダイアナ元妃が亡くなった日のこと、初めてのキス、ライブでコールドプレイを見た夜、夫がジョージ・クルーニーを伴って赤いフェラーリで帰宅した最初の晩——どんな記憶でもよいが、起きたことに関するあなたの記憶は……間違っている。

第2部　なぜ忘れるのか

7　起きたことの記憶は間違っている

あなたのエピソード記憶は、事実の歪曲や、追加や、省略や、加工や、作話や、その他の過誤に満ち満ちている。端的に言って、起きたことに関するあなたの記憶は誤りだ。「ちょっと待ってください」とおっしゃるかもしれない。「あなたはここまで長々と時間をかけて、人間の脳には『驚異的な記憶力がある』と述べてきたじゃないですか。感情に訴えかける、驚きに満ちた、意義深く、反復された情報を覚えることにかけては、脳はすばらしい能力を発揮できるはずでしょう。なのに、起きたことに関する私の記憶が間違っているというんですか？」。

そう、記憶に関するこの二つの主張は、どちらも真実なのである。

どうかここで放り出してしまわず、最後までお付き合い願いたい。エピソード記憶がどのような意味で、なぜ当てにならないのかを理解すると、奇妙なようだが、かえって心が慰められる場合があるのだ。起きたことの記憶は、記銘、固定化、保持、想起という記憶プロセスのどの段階においても、記憶の書き換えや誤りの対象となりやすい。そもそも、記憶の形成プロセスに取り込めるのは、自分が気づき、注意を払ったものだけである。眼前に展開するすべての瞬間のあらゆる事象に気づくことは不可能なため、記銘し、のちに想起できるのは、出来事を切り取ったいくつかの側面だけだ。そこには、自分の色眼鏡を通した、自分の興味に合致したディテールしか含まれていない。だから、去年のクリスマスの朝に何が起きたかに関する私の記憶は息子の記憶とは異なるし、どちらの記憶もその朝の全体像を網羅しているわけではない。法廷での証人の宣誓にあるような、「すべての真実」は含まれていないのだ。私たちのエピソード記憶は、最初から不完全なものなのである。

不完全ではあるかもしれないが、少なくとも自分が気づき、記憶として取り込んだディテールは正確なはずだとお考えかもしれない。だが、さにあらず。エピソード記憶のことは、就学前の子どもと同じだと思ったほうがいい。ディズニー・ワールドで歌をうたっているお姫様や二足歩行をする巨大なネズミは、みんな本物なんだと心の底から信じている、天真爛漫《てんしんらんまん》な園児と変わるところがない。エピソード記憶はだまされやすく、聞かされた話をすぐに鵜呑みにしてしまう。形成されたばかりの記憶は感化や書き換えの影響をきわめて受けやすい。とくに記憶がまだ固定化されず、長期記憶となっていない期間（数時間か数日、あるいはもっと長いこともある）だと、その傾向が顕著になる。

エピソード記憶の固定化プロセスが進行中の脳は、思いつきでレシピを変えてしまう手癖の悪いシェフのようなものだ。記憶という料理を作ろうと、目にとまった情報を材料にして混ぜ合わせている最中に、レシピが――しばしばまったく別のものへと――変わってしまうことも珍しくない。想像力や私見、思い込みなどによって、情報が加えられたり、取り去られたりする。夢、本で読んだり人から聞いたりしたこと、映画、写真、連想、そのときの感情、他者の記憶、あるいは外部からの単なる暗示によって、レシピが変わることもある。

記憶が保持されても、それでエピソード記憶が修正されないわけではない。長いあいだ放置された記憶は、時の経過とともに劣化していく。物理的な神経回路が文字どおり退縮して消えてしまい、起きたことの記憶の一部またはすべてが消え去ることがあるのだ。

しかも保持されたエピソード記憶を想起するたびに、私たちは高い確率で記憶を変えてしまう。前述したように、起きたことの記憶を思い出すとき、私たちはビデオテープを再生するのではなく、ストーリーを再構築する。記憶は、証言を一字一句そのまま復唱してくれる法廷内の速記者ではないのだ。起きたことを思い出す際、私たちはたいてい、脳内に貯蔵されたディテールの一部だけを取ってくる。そして、いまでは手に入るが当時は知らなかった、新たな情報や文脈や視点に照らし合わせて、記憶のそこかしこを省略し、あれこれを再解釈し、その他を歪曲させてしまうのである。ストーリーがより完全で心地よく感じられるよう、新たな（たいていは不正確な）情報をでっち上げ、記憶の空隙を埋めようとすることも多い。過去に関する記憶は、現在の気分にも影響される。今日の意見や感情が、去年起きたことの記憶に潤色を加えてしまうのだ。こうして、エピソード記憶を思い返すたびに、たいていの記憶は作り直されることになる。

このあとの展開がまた面白い。私たちはオリジナルの記憶ではなく、変更されたバージョン2・0の記憶を再固定化し、再貯蔵するのだ。エピソード記憶の再固定化は、マイクロソフトのWordで「上書き保存」をクリックするのに似ている。私たちが行った書き換え（変更）はどれも、その記憶の神経回路に上書き保存される。そして、さっき呼び出したばかりの記憶の初期バージョンは、失われてしまうのだ。エピソード記憶は想起されるたびに上書き保存され、次からは記憶を思い返す際、この新しい変更後のバージョンが呼び出されるようになるのだ。

もうおわかりだろう。どのようなエピソード記憶であろうと、何度か想起されるうちに、オリジナルからは相当逸脱してしまう危険をはらんでいるのである。あなたが記憶している出来事の内容と、実際に起きたこととの関係は、いわば伝言ゲームだ。聞いた内容を隣の人に耳打ちするということを何度かくり返すと、もとの文とまるで違う文が伝わってしまうという、あの遊びである。「赤いバラにはトゲの生えた茎がある（Red roses have thorny stems）」という文章が、「ネズミ馬には四つの素敵なドラムがある（Rat horses have four neat drums）」に変わってしまうように、友人や家族と何度も語り合った記憶は、実際に起きたことの正確な記録ではないのである。

では、エピソード記憶はいったいどれほど不正確なのか？　例を挙げてみよう。人間の脳は、誘導的な質問を受けると、まったく経験していないことまで覚えていると思い込むことがある。偽の記憶が作られるかどうか、あるいは記憶が改変されるかどうかを調べるために、被験者に虚偽の情報を与える実験がいくつか行われている。実験者は何も知らされていない被験者に、「ご両親に（あるいはご家族に）伺いましたが、あなたが小さいときにこんなことがあったそうですね」と言って、完全に架空の自伝的エピソードを話して聞かせるのである。

「気球に乗ったときのことを覚えていますか？」「六歳のとき、ショッピングモールで迷子になったのを覚えていますか？」「いとこの結婚式で、花嫁のドレスに真っ赤なフルーツパンチをこぼしてしまったのを覚えていますか？」。実験者は実際には起きていないこうした出来事について被験者に質問したあと、フォトショップで加工した写真を見せたり、さらに詳しい話を付け加えたりするのだが、いずれもまったくの虚構である。さて、こうした虚偽の説明に被験者はどんな反応を見せたか？　なんと被験者の約二十五％から五十％が、実際には起きなかった経験の詳細を覚えていると主張したのである！

「気球に乗ったのを覚えてる。赤い気球だった。母さんと弟と一緒だったよ」。このように、誘導的な質問をされると、エピソード記憶はディズニー・ワールドを訪れた園児たちと同じになってしまう。露ほども疑わず、何でも頭から信じ込んでしまうのである。

別の研究では、二〇〇一年九月十一日にペンシルベニア州に墜落したハイジャック機の動画について、被験者に覚えていることを尋ねる実験が行われた。被験者はまず面接を受け、その後、何を覚えているかを調べる質問紙に記入した。被験者の十三％は面接中に動画に関する詳細な記憶を物語り、三十三％は質問紙で具体的な記憶について報告した。だが彼らの記憶は一つ残らず間違っていた。9・11でツインタワーとペンタゴンに突入したハイジャック機の動画はあるが、ペンシルベニアの草原に墜落した機の動画は残されていない。彼らはどこにも存在しない動画を詳細にわたって覚えていると思い込んでいたのである。

想起のたびに外部の影響を受けるというエピソード記憶の脆弱性によって、何かを思い出すたびに虚偽の情報が少しずつ入り込み、経験したことの記憶を歪ませる場合がある。ニセ情報をエピソード記憶にまぎれこませてしまうもののうち、最も一般的で効果的なのが言語――つまり、自分あるいは他人が使う言葉だ。このテーマに関する古典的研究のなかでもとくに私が気に入っているのが、研究者二人が被験者に自動車事故の映像を見せた実験だ。全員が同じ映像を見ているので、映像に関するオリジナルの記憶はみな同じである。

被験者はその後、次のうちどれか一つの質問をされた。

・車はどれくらいのスピードで激突しましたか？
・車はどれくらいのスピードで衝突しましたか？
・車はどれくらいのスピードでぶつかりましたか？
・車はどれくらいのスピードで当たりましたか？
・車はどれくらいのスピードで接触しましたか？

その結果、事故映像の車の速度に関する被験者の記憶は、質問でどの言葉が使われたかによって多大な影響を受けた。たった一語を置き換えただけで、速度の記憶が変わったのである。「激突」という語を使われた被験者は、「接触」という語を使われた被験者に比べ、記憶にある車の時速を十四キロメートルも速く想定していた。使われた言葉の激しさと一致するように起きたことの記憶を再構築し、その修正を想起の際に記憶自体に組み込んでしまったのである。

この研究者たちは、複数台の車が衝突する事故の映像を、三グループに分かれた被験者に見せるという類似実験も行っている。

・グループ1は、「車はどれくらいのスピードで激突しましたか?」と質問された。
・グループ2は、「車はどれくらいのスピードで当たりましたか?」と質問された。
・グループ3は、車の速度に関する質問をされなかった。

一週間後、三グループの被験者全員が同じ質問をされた。

・「割れたガラスが映っていましたか?」

「車はどれくらいのスピードで激突しましたか?」と聞かれたグループ1では、「イエス」と答えた被験者は三十二%に達した。「車はどれくらいのスピードで当たりましたか?」と聞かれたグループ2では「イエス」と答えたのはたったの十四%で、これは速度に関する質問をされなかったグループ3と大差なかった。すでにお察しのことと思うが、映像には割れたガラスは映っていなかった。つまりイエスと答えた被験者全員が、実際には見てもいないことを見たと記憶していたのである。

言語や誘導的な質問によってエピソード記憶を操るのがいとも簡単であるなら、裁判の評決や量刑といった重要事項を決定するのに、エピソード記憶に頼るようなことはしたくないはずだ。だがアメリカ人の約半数は、たった一人の目撃者の証言――つまりその人の記憶――だけで、被告に有罪判決を下すには十分だと考えている。アメリカでは二〇一九年九月の段階で、有罪判決を受けながらDNA鑑定によって無実であることが判明した人が三百六十五人いた。そのうち約七十五％の人は、目撃者の証言に基づいて有罪と宣告されていた。ということは、彼らを有罪にした目撃者たちの記憶はすべて間違っていたことになる。

二〇〇八年に発表された研究では、スーパーマーケットを舞台にした模擬犯罪の映像を被験者に見せる実験が行われた。映像には「犯人」役が酒を万引きする場面が映っている。さらに無実の買い物客が二人登場し、一人は酒売場を歩いており、もう一人は青果売場に立っている。その後、被験者に数枚の写真を見せて犯人を選ばせるが、そのなかに犯人の写真は含まれていない。くり返すが、犯人の写真は含まれていないのである。だが被験者のうち二十九％は酒売場を歩いていた無実の買い物客、二十三％は青果売場の買い物客を犯人とした。半数以上の被験者が、エピソード記憶に基づいて、無実の人を犯人と誤認したのである。

あらゆる目撃者のエピソード記憶が誤りだなどと言うつもりはない。だが間違いなく、一部の記憶は間違っている。別の研究では、被験者はまず、銀行強盗の映像を三十秒間見せられた。

二十分後、被験者の半数には見たものを五分間で書きとめさせ、残りの半数には五分間ずっと、見たこととは無関係な課題をやらせた。その後、全員が複数の写真のなかから強盗犯を選ぶよう指示された。すると、見たものを書きとめなかった被験者のうち六十一％は強盗犯を言い当てたが、書きとめた被験者は二十七％しか正答しなかった。ここで注目すべきは、映像を見てから三十分も経っていないのに、被験者のうち強盗犯の顔立ちを正しく思い出せた人は、正答者が多いほうのグループでもせいぜい三分の二程度だったという点である。しかも見たことを書きとめたせいで、ほんの少し前に目撃した顔を正確に思い出す能力が著しく損なわれたのだ。

書きとめることが反復練習《リハーサル》の役目を果たし、書こうと決めた細部に関する記憶は強化されるかもしれない。だがそれは、書きとめなかった細部を反復し、あとで思い出すことを、知らず識らずのうちに妨げる行為でもあるのだ。どのような知覚経験であれ、それを言葉で表現すると、経験に関するオリジナルの記憶は歪められ、狭められる。作家としては、この現象には少なからず落胆を禁じえない。

同様に、起きたことの記憶について話すだけでも、記憶は削られてしまう。経験したことのイメージ、音、匂い、感情、その他の印象を言葉で表現する能力には限界があるために、出来事について語った時点で、そのストーリーはすでにオリジナルより貧弱なものとなっている。しかも語り手は、出来事を描写する際に、一部のディテールだけを選り好みしてしまうのだ。

起きたことについて話すと、この貧弱になったバージョンの記憶が保存され、より豊かなオリジナルの記憶は失われる。次にこの記憶について話すときには、細部の情報が一つ除外されるかもしれない。たとえば、一度目に語っていた「あのときは雨が降っていた」ということを口にしなくなるのだ。三度目に語り直すときには、雨は記憶から抜け落ちている。エピソード記憶を口にしたとたんに、そこに含まれる情報量はオリジナルの記憶よりも少なくなるのである。

だがその一方で、話し手が想像力で補ったり、ほかの情報源から借りたりした情報が加わって、エピソード記憶がオリジナルよりふくらんでいく場合もある。話を面白くしようと、ちょっとしたネタを盛り込み、状況説明や解釈を付け加えることもあれば、友人から聞いた新たな情報を言い添えることもあるだろう。だがそうして付け足された新たなディテールは、脳内でその出来事のエピソード記憶に埋め込まれてしまうのである。

たとえば、あなたはいまお兄さんと一緒に、幼い頃の思い出話に花を咲かせているとする。二人でプラスチックのディスクを飛ばすおもちゃのピストルを持って玄関で待ち伏せをし、配達に来た花屋さんを撃ったことがあった（ごめんなさい、花屋さん！）。お兄さんが言う。「あのあと、花屋のおばさん、延々とドアブザーを押し続けてたっけな」。あなたにはその記憶はないが、あなたはお兄さんの言うことを信じる。次にこのエピソードを思い出したときには、花屋さんが必死にブザーを押し続けるイメージが記憶に加わっている。いまでは、これがあなたの花屋さん待ち伏せ事件の記憶となっているのだ。

あるいは、二日前に勤務先のビルで火事があり、全員が避難したとしよう。あなたの記憶にあるのは、自分が粛々とビルを退去したこと、駐車場で一時間ほど立ち尽くしていたこと、これが避難訓練なのか本当の火事なのかわからず、ややじれったさを覚えていたことだ。だが昨日になって同僚から聞いた話では、だれかが会社の食堂で七面鳥の燻製を作っていたところ、スモーカーグリルが引火したのが火事の原因だという。「厨房全体が炎に包まれて、どこもかしこも煙だらけだったんですよ。○○さんのオフィスって、厨房のすぐ先ですよね。○○さん、あやうく命を落とすところだったんですよ！」

今日、火事の記憶を人に話す際には、あなたはこんなふうに語るだろう。「廊下に煙が立ち込めていて、ほとんど何も見えないなかを、やっとのことで階段までたどりついたんだよ」。こうしたよくある記憶の誤りは、「作話」と呼ばれる。意識的に嘘をついているわけではない。同僚から聞いた情報が、知らず識らずのうちに自分のエピソード記憶の中にもぐり込んでしまったのだ。ここでもエピソード記憶は、サンタの存在を信じ込む、疑いを知らない園児と化している。いまではあなたの脳は、煙がもうもうと立ち込めるなか、必死に階段に向かったのが自分の火事の記憶だと信じて疑わない。

これでもうおわかりだろう。起きたことの記憶は、想起のたびに、面白くはあるがたいていは不正確なありとあらゆるやり方で、縮み、ふくらみ、その姿を変えていく。そしてしまいには、当初脳内で形作られた、まだ語られる前のオリジナルの記憶からは、著しく逸脱したものへと変容してしまうのである。皮肉な話だが、今日起きたことを書きとめると、あなたの今日の記憶はおそらく、記録に残そうと選り好みした細部だけに限定される。話した内容は何であれ記憶に残りやすくなるが、話し続けるにつれ、その記憶は歪んでいく。かといって、書きも話しもしなければいいわけでもない。反復されず、他者と分かち合うこともなかった記憶は、いずれゴミ箱行きになる可能性が高い。起きたことの記憶に関しては、脳がどれほど頑張っても、不完全な記憶がせいぜいのところなのである。

だがそれなら、フラッシュバルブ記憶はどうなのだろう？　感情を掻き立てるような、あるいは驚きに満ちた出来事に関する、鮮明で自信の持てる記憶のことだ。こうした記憶は月並みなエピソード記憶よりも堅牢なのか、それとも同じように書き換えや誤情報に弱いのだろうか？　フラッシュバルブ記憶はありふれたエピソード記憶に比べ、何年も経ったあとでも、間違いなく鮮烈に思い出せるという実感がある。そのために私たちは、フラッシュバルブ記憶は耐久力や正確性に優れているに違いないという強固な確信を抱く。これほどありありと詳細にわたって思い出せるのだから、普通のエピソード記憶よりも真実に忠実であるに決まっているじゃないか、というわけだ。だがこの自信は誤りだ。フラッシュバルブ記憶も通常のエピソード記憶とまったく同じように、不完全で歪んでおり、とんでもなく間違っている。

例を挙げよう。一九八六年一月二十八日火曜日、午前十一時三十九分、スペースシャトル「チャレンジャー号」がフロリダの澄みきった青空に飛び立った。乗組員である七人の宇宙飛行士には、宇宙に行く初の民間人となった高校教師クリスタ・マコーリフが含まれていた。打ち上げから七十三秒後、乗組員がフルスロットルに向けた推力上昇の許可を管制センターから受け取った直後に、外部燃料タンクが爆発する。不気味な白煙をくねくねとたなびかせつつ、シャトル全体が空中分解するのを、全世界が目撃した。生存者はいなかった。

三十五年後のいま、チャレンジャー号爆発事故にまつわる私のフラッシュバルブ記憶はこうだ。お昼時で、私は高校のカフェテリアにいた。フライドポテトのお皿とケチャップをトレーに載せて運んでいたとき、目の前で事故が起きた。この歴史的瞬間を生徒や教師が見届けられるよう、食堂にテレビが設置してあったのだ。だれもが恐怖に打たれ、あたりが静まり返ったのを覚えている。

一月のとある火曜日を三十五年後に思い出したにしては、上出来だろう。事故の前日や翌日のことは何一つ覚えていないことを思えば、なおさらだ。だが私の記憶にあるこの情報は、その一部なりとも正確なのだろうか？

当時の私は高校一年で、午前十一時四十分はちょうどランチタイムに当たっていてもおかしくない。その部分に関してはおそらく記憶が合っているのではないかと思うが、それすらも、エピソード記憶を知り尽くしている私には絶対に確かとは言いきれない。当時は日記をつけていなかったから、あの日の午前中に私が実際に何を目撃したかを示す記録は、自分の記憶以外にはない。高校のカフェテリアに本当にテレビが設置されていたか、当時の私がフライドポテトを食べていたか（一九八六年には、まだ健康的な食習慣について学んでいなかったのは確かだ！）、そもそもチャレンジャー号爆発の瞬間にカフェテリアにいたのかすら、確実には知りようがないのだ。このフラッシュバルブ記憶の細部は、同程度の確率で真実か、虚偽か、または大きく歪められている可能性がある。実のところ、もし金を賭けろと言われたら、少なくとも一つは完全に間違った情報が入り込んでいるというほうに私は張るだろう。

その理由はこうだ。あの悲劇の日に見たものを私は記録していなかったが、心理学者のアーリック・ナイサーとニコール・ハーシュは記録していた。爆発事故の二十四時間後、二人はエモリー大学心理学基礎講座を受講中の学生に、いくつかの質問をした。

・あなたはどこにいましたか？
・何をしていましたか？

・だれと一緒でしたか？
・どんな気持ちがしましたか？
・いつ事故を知りましたか？

二人は学生たちに、それぞれの回答についてどの程度自信があるかについても、1（単なる当てずっぽう）から5（確信している）までの五段階で評価してもらった。

その後、二年半が経った一九八八年の秋に、二人は同じ学生たちに同じ質問をし、回答――学生のエピソード記憶――をオリジナルの記憶と照合してみた。はたして学生の記憶はどのくらい信用できるものだったのか？　結果、スコアが満点だった学生は一人もいなかった。つまり、二年半経ったあとの回答が、事故の二十四時間後の回答と完全に一致した学生は一人もいなかったのである。スコアがゼロの学生も二十五％いた。どの回答も、事故直後の報告とは異なっていた。二年半という短い期間で、事故の記憶はまったく不正確なものになっていたのだ。半数の学生が、わずか一問の質問でしか、事故直後と同じ正しい答えを記せなかった。

驚きの展開はまだある。研究者たちは学生に、これまでに同じ質問に答えたことがあるかと尋ねた。すると「ある」と答えたのはわずか二十五％にとどまり、七十五％はこんな質問紙はこれまでに見たこともないと自信満々で答えたのだ。

たった二年かそこらで、若い学生の記憶にすら、間違いがふんだんに生じたのである。事故から三十五年も経っている私の記憶が、いったいどれほど正確だろうか？　記憶の中では、私は高校のカフェテリアでフライドポテトを運んでいるとき、クラスメートらとテレビで事故を目撃したことになっている。だがじつはその日は体調を崩して学校を休み、十一時四十分には家のキッチンで一人でヌードルスープをすすっており、夜になってから両親や兄とニュースで事故の映像を見たのかもしれないのだ。三十年以上経っても、爆発事故に関する自分のフラッシュバルブ記憶の正確性に、私は確固たる自信を持っている。だが確信があるからと言って、それが記憶が正確であることの証左となるだろうか？

ならない。鮮明な記憶があり、一〇〇％の自信があったとしても、一〇〇％間違っている場合もあるのだ。エモリー大学の学生の話に戻ると、正確性のスコアの高低にかかわらず、みな自分が覚えていると主張した内容に強い確信を抱いていた。それどころか、とんでもなく間違っているという証拠を示されたときですら、彼らの確信は揺らがなかった。

一九八九年の春、同じ学生たちに、彼らが二度にわたって回答した質問紙を並べて見せた。事故をめぐる最近の記憶と、事故直後の説明とに多くの食い違いが生じているという事実を突きつけられると、学生たちは最近想起した記憶のほうが正確だと考えた。ナイサーとハーシュの予測は完全に外れてしまった。微細にわたる事故直後の説明を読めば――しかもそれが学生本人の手書きの手記であることを思えば――それが強力な手がかりとなり、実際に一九八六年一月二十八日に経験したことが正確に想起されるに違いないと、二人は踏んでいたのである。だがそうはならなかった。どの学生も最近のバージョンの記憶を手放そうとはせず、不一致を示されても、自身の当初の説明に唖然として首をひねるばかりだった。一人の学生などは、「いまでもまだ、現在の記憶のほうが正しいと思います」と言った。彼らの記憶は永久に変えられてしまったのだ――間違ったものに。

だがエピソード記憶について理解できたいまは、改訂版の記憶が正しいと信じ込むこうした態度も、腑に落ちるのではないだろうか。エピソード記憶は、大脳皮質の棚から取ってくるたびに変化をきたすおそれがある。想起の際に改訂された新しいバージョンに上書きされ、それが棚に戻されるのだ。一回目の質問紙に回答したあと、どの学生も一度はチャレンジャー号の事故について話したり考えたりしただろうから、事故にまつわる当初の記憶がとうの昔に消去され、新たなバージョンの記憶に置き換わっていても、何の不思議もないのだ。こうして本人も気づかぬうちに記憶は改変され、実際に起きたことから徐々に遠ざかっていくのである。

高校時代の友人と昔話で盛り上がっているとしよう。二十年前、あなたは車を運転し、友人とジミー・バフェットのコンサートに行った。それ以来、この思い出のことは考えたことがなかったとする。思い出話をする中で、あなたが完全に忘れていた細部を、友人がふと漏らす。

「覚えてる？　ジェンも一緒だったのよね」

とたんに、あなたは言う。「ああ、そうだった！　ジェンがいたこと、すっかり忘れてたわ。でも、思い出した。後ろに座ってたわよね！」

その情報は脳内に貯蔵されてはいたのだが、コンサートの思い出の残りの部分と「ジェン」を結びつける神経回路のつながりが弱く、外部の手がかりなしに自力で想起しただけでは、すぐには活性化されなかったのだ。もちろん、もうおわかりだろうが、友人もあなたも二人とも間違っている可能性もある。ジェンが一緒に来たのはローリング・ストーンズのライブで、ジミー・バフェットのコンサートではなかったかもしれない。あるいはジェンが座っていたのは助手席で、後部座席ではなかったかもしれないのだ。だとしても、あなたが思い出せる内容は、かなりの部分、利用可能な想起の手がかりに左右される。

仮に、ジェンが実際にあなたの車に乗ってコンサートに行っていたとしよう。そして今度はこの二十年のあいだ、コンサートのことを一度も思い出さなかったのではなく、何度も思い出していたとする。だが何度も想起していたのに、毎回あなたは思い出した記憶にジェンを含めそこねていた。ご記憶だろうか？　想起するたびに、人は最も新しいバージョンの記憶を再固定化し、強化していく。これら改訂版の記憶のどのバージョンでも、ジェンを含めるのを忘れたあなたは、下手をすると、ジェンがいたという細部の情報を永久に失ってしまうかもしれない。そうなったらもう、「ジェン」とコンサートの記憶とのつながりは単に弱いどころではない。あなたはおそらく、友人の記憶が信じられなくなるだろう。

「嘘よ、後部座席にジェンなんていなかったわ！」とあなたは言う。「悪いけど、確かよ。後ろにジェンが乗ってた記憶なんて、まるでないもの」。あなたは、自分が覚えている記憶のストーリーに固執する。たとえ正反対の事実を示す強力な証拠を突きつけられようと、その確信は揺らがない。自分自身の筆跡が綴る二年半前のチャレンジャー号爆発事故にまつわる回答を、エモリー大学の学生たちが信じようとしなかったのと同じように。

要は、こういうことだ。起きたことに関するあなたの記憶は、正しいかもしれないし、何から何まで間違っているかもしれないし、その中間かもしれない。だから今度パートナーが「起きたことをちゃんと覚えている」と言い張り、その内容が自分の記憶と一致しなかったときには、むきになって言い争う必要はない。ともに経験した出来事の記憶ではあるが、おそらくあなたとパートナーはどちらも、意図せず歪んだ情報を携えているのだ。そのことに気づき、そして現実を甘んじて受け入れよう。実際に何が起きたかという真実は、どうあがいても完全には知りようがないのである。

8　のどまで出かかってるのに

　この前私は、HBOのドラマ『ザ・ソプラノズ　哀愁のマフィア』で主人公トニー・ソプラノを演じた俳優の名前が、どうしても思い出せなかった。確かに知っているのに、脳裏に浮かんでこないのだ。イタリアで休暇を過ごしている最中に、思いがけず急死したことも知っている。トニーの妻のカーメラを演じたのは、イーディ・ファルコだ。トニー役の彼は、ジュリア・ルイス＝ドレイファス主演のあのすてきな映画にも出ていた。頭の中でありありと顔を思い描けるし、声も聞こえるのに、名前が出てこない。ファーストネームの最初の一文字を思い出そうと、アルファベットを順番にたどってみた。A？　アンソニー？　違う、それは役名。本人の名前じゃない。J？　なんだかそんな気がする。ジョン？　ジャック？　ジェリー？

いいえ、どれも違う。

彼の名前は、間違いなく脳内のどこかに貯蔵されているのだ。かなり近づいているというう っすらした実感もある。でも、思い出せない。彼に関する細々した情報は、山ほど浮かんでく る。正しいニューロンのすぐ近くまで来ているという感じはするのだ。なのに……。インター ネットがまだ夢の夢だった大学時代には、調べ物をするには必ず図書館に行かなければならな かった。当時は、履き違えた競争心に凝り固まった一部の不心得な学生が、レポートを書くの に必要な情報をほかの学生に見せまいとして、自分が情報を得たのちに、資料の製本雑誌を隠 してしまうということがたまにあった。トニー・ソプラノ役の俳優の名前を見つけようと脳内 の神経回路を探し回るのは、大学図書館で製本雑誌の背表紙をたどったあの経験とよく似てい た。本棚にずらりと並ぶ製本雑誌の背表紙の列に、必要な資料が一冊だけ抜き取られた隙間が 空いているのに気づいては、呆然とするのだ。「あの俳優の名前は?」という問いは何時間も 私の頭の中に居座り、片時も脳裏を離れず、早く思い出せと私を責め立てた。気が散ってしま い、いつまでもイライラするのに耐えられず、私はついに根負けしてググってみた。

トニー・ソプラノ役の俳優

ジェームズ・ガンドルフィーニ

ああ、そうだった！　ふう、すっきりした。

記憶障害の経験としては最も一般的なものの一つが、この舌先現象（ＴＯＴ現象）と呼ばれる現象だ。単語（たいていは人の名前、都市名、映画や本のタイトルなど）を思い出そうとしても、思い出せない。確かに知っている単語やフレーズなのだが、どうしても頭に浮かんでこないのだ。出てこない単語は、忘れたわけではない。脳内のどこかに保持されているのだが、呼んでも出てこようとしないきかん坊の犬のように隠れていて、一時的に取り出せなくなってしまうのである。

なぜこのようなことが起こるのだろう？　単語には必ず、脳内でそれを表象するニューロンと、それに関連する神経回路が存在する。一部のニューロンは、単語の視覚的な特徴（印刷された文字の見え方の情報）を保持している。ほかのニューロンは、単語の概念的情報（単語の意味、単語と結びついた感覚や感情、単語と関連する過去の経験）を保持している。ほかに、単語の音韻的情報を担当するニューロンもある。それは単語が発話された際の聞こえ方の情報を保持するニューロンで、声に出して、あるいは頭の中で単語を発音するのに必要なニューロンである。

探している単語にたどりつくためのニューロンの活性化が一部しか起きていないか、弱いときに、ど忘れが起きる（「あの女性の名前、なんだっけ？　Lで始まるのはわかるんだけど、ほかが思い出せない」）。これ以上神経が活性化されないかぎり、私はそこから先には進めない。

保持された単語の情報と、単語の綴りや発音とのつながりの活性化が不十分なときにも、ど忘れは起こる。トニー・ソプラノ役の俳優の情報を次々と思い出せたのに、名前だけ出てこなかったのはそのためだ。のど〔英語では「舌先」〕まで出かかっていたのに、口の外へは出ていかなかった。名前の発話ができなかったのである。

舌先現象の事例の三分の一から二分の一は、自然と解消される。しばらく経つと、突然頭の中にその単語が浮上するのだ。シャワーを浴びていたら、不意に――パッ！――単語が思い浮かぶのである。ベッドでうとうとしかけたときに、ハッ！　ジェームズ・ガンドルフィーニだ、ということもあれば、たまたま遭遇した想起の手がかりが強力なトリガーとなって、単語の活性化が引き起こされる場合もある。

外部の助けを借りてど忘れを解決することもできる。答えを教えてほしいとほかの人に頼んだり、私がトニー・ソプラノ役の俳優名でやったように、グーグル検索するのだ。正しい答えを見聞きすれば、すぐにそれとわかるだろう（「ああ、そうだった！」）。

舌先現象が起きている最中に、問題の単語の一部が判明することもある。最初の一文字や、音節の数などだけがわかるのだ。心強いようでいて、じつは頼りないヒントでしかないこうした部分的な想起は、多くの人に覚えがあるだろう（「Dで始まる、っていうことだけはわかるんだけど」）。イタリア語やスペイン語などのロマンス語を話す人の場合は、単語が男性名詞か女性名詞かだけがわかるという場合もあるかもしれない。最後の文字が「a」で女性名詞なのはわかっている、というような場合だ。

必死に思い出そうとしている単語と音や意味が似ているといった、漠然とした関連性のある単語が思い浮かぶ場合もあるかもしれない。問題の単語と淡い関連性を持つこうした単語を心理学者は「醜い姉妹」と呼ぶが、醜い姉妹に意識を集中すると、残念ながらかえって状況は悪化する。本物に似たおとりに気をそらされて、肝心の単語ではなく、醜い姉妹のほうにつながる神経回路に引き寄せられてしまうのだ。その結果、問題の単語を思い出そうとするたびに、醜い姉妹が浮かんでくるはめになる。

そのとおりのことが、先日私の身に起きた。なぜかは忘れたが（記憶のエピソードとしては皮肉な話だ）、私はフロリダのある都市の名前を思い出そうとしていた。確かに知っているのだが、どうしても出てこない。いくらやってもだめ。でも、思い出せる情報もある。（マイアミの近くよ。Bで始まるんじゃなかった？　そう、Bで始まる気がする。ボカラトン？　いいえ、違う）

三十分後、私はまだ肝心の都市名を思い出せずにいた。頭に浮かんでくるのは、ボカラトンだけ。私はだんだん気が立って、じれったくなり、イライラしてきた。

（いいかげんにしてよ、脳。あの町の名前は何なの？

ボカラトン。

違うでしょ、そればっかり言うのはやめて。それじゃないってば）

でも、「ボカラトン」以外のニューロンは頑として手を挙げようとしない。自分の意識をいくらなだめすかしても脅しても答えが得られないので、とうとう私はさじを投げ、グーグルマップに頼ることにした。マイアミの南側を地図で探すと、どんぴしゃり！　あった！

キービスケイン。

面白いことに、キービスケイン（Key Biscayne）はボカラトン（Boca Raton）同様、二語からなる地名だ。確かにBもある。でも私の注意は醜い姉妹であるボカラトンによってそらされ、キービスケインにつながる神経回路から遠ざかってしまった。まったくあさっての方向に行ってしまっていたわけである。ど忘れしたときには、思い出そうとする努力をやめたとたんに、まるで降って湧いたようにひょいと正しい単語が脳裏に浮かぶことがあるが、それも醜い姉妹効果で説明できる。探索を取りやめ、脳が誤った神経回路に固執しなくなると、ようやく正しいニューロン群が活性化されるチャンスが生まれるのだ。

もう一つ例を挙げよう。恋人のジョーと、サーフィンに入れ込んでいるジョーの同僚の話をしていたときのことだ。私はふと思いついて聞いた。

「ねえ、あの有名なサーファーの名前、なんだっけ？　ランス？」

「いや、ランスじゃない」

でも、ジョーもそのサーファーの名前を思い出せなかった。あとで聞いたところによると、私が口にした「ランス」のせいで、自転車競技選手のランス・アームストロングを思い出したのだという。醜い姉妹の登場だ。ランス・アームストロングが正しい答えでないことはジョーにもわかっていたが、脳がランス・アームストロングの周辺ばかりサイクリングしては、何度もしつこく間違ったニューロン群を探し回るようになってしまったのである。ジョーの注意と想起は、醜い姉妹の誘導に惑わされ、正解を見つけるのを邪魔されてしまった。私がいいかげんな当てずっぽうを言わなければ、ジョーはすぐに当のサーファーの名を突き止めていたかもしれない。

「ランスじゃないよ。バレーボール選手のガブリエル・リースと結婚した、あのサーファーだろ？」

そうそうと私も言ったが、その情報も、肝心のサーファーの名を思い出すほど強力な手がかりとはならなかった。私たちは二人とも癪《しゃく》に障る舌先現象に苛まれ、答えに窮した。数分後、だしぬけにジョーが叫んだ。「レイアード・ハミルトンだ！」

正答にたどりついたジョーの脳では、何が起きていたのだろう？　どうやって醜い姉妹のおとりの磁力から身を振りほどき、舌先現象の窮地を脱したのか？　はっきりとはわからないが（ジョー本人にもわからないのだ）、正しい組み合わせの神経回路が必要な数だけ活性化され、醜い姉妹の呪縛を解くのに十分な力が溜まったことで、問題の単語を想起できたのだろう。

私の脳はサーファーの名前を提示することはできなかったが、「L」という最初の一文字は探り出せた。そしてレイアード・ハミルトンという名前を思い出すことはできなかったが、ジョーがその名を口にしたとたん、レイアードが正しい名前だということは即座に認識できた。舌先現象に陥っているときに問題の単語を示されると、それで合っているかなと考えたり、検討や事実確認の時間が必要になったりはしない。探索はただちに終了する。ハレルヤ。

これ以外にも、舌先現象に苦しんだ個人的な経験、とくに人名が出てこなかったという例はいくらでも挙げられる。舌先現象はだれにとっても、最も一般的な想起の失敗だからだ。これは正常な状態である。舌先現象が起きたからといって、アルツハイマー病を患っていることにはならない。いまの文をもう一度読んで、よく脳裏に焼きつけてほしい。平均的な二十五歳の若者でも、週に数度の舌先現象を経験している。だが若い人は舌先現象を気に病んだりはしない。一つには、物忘れ、アルツハイマー病、老いや死の問題などが、若い世代にとっては切実でないからだ。それに子どもの頃からデバイスに慣れ親しんでいるため、検索をスマホに委ねることにためらいを感じない。親のように、何時間も（あるいは数分間すらも）みじめな舌先現象に苦しむことはめったにない。頑《かたく》なに意地を張り、グーグルの助けを借りずに昔ながらの方法で忘れた名前を思い出そう、などとはしないのである。

通常、舌先現象の頻度が加齢とともに増加するのは事実である。脳の処理速度が低下するためだろう。だが歳をとると舌先現象に気づきやすくなる原因は、老化やアルツハイマー病が若いときに比べて差し迫った現実であるからだ。家族にアルツハイマー病患者がいる人は、名前が出てこないときにほかの人より気をもみ、それを自分の健康状態の問題ととらえやすい。歳をとると、物忘れが増えたのは病気になったせいだと思い込みやすくなり、想起の失敗をこれまで以上に恐れるようになる。確かにイライラする現象ではあるが、ど忘れをしたからといって、すぐに神経科に駆け込む必要はないだろう。思い出せない単語は、そのうち自然と脳裏に浮かぶものだ。この苛立ちを一秒たりとも我慢できないという人は、どうかグーグルを使ってほしい。単語をググるのは、恥でも名折れでもない。

出てこない単語をグーグル検索していると、かえって物忘れが促進され、すでに衰えている記憶力がさらに悪化しかねないのではないかと心配する人は多い。グーグルを、記憶力という脚力を弱らせるハイテク松葉杖ととらえているのである。この思い込みは誤りだ。トニー・ソプラノ役の俳優の名を検索しても、私の記憶力が弱まる心配はまったくない。同様に、精神的苦痛を耐え忍び、ど忘れした単語を何が何でも自力で思い出そうと苦心惨憺《くしんさんたん》したところで、記憶力が強化されることもなければ、特に褒められることもない。記憶を思い出そうと悩み苦しむ必要はないのだ。ググらずにトニー・ソプラノ役の俳優名を思い出せたところで、舌先現象の頻度が減り、今後舌先現象をすばやく解決できるようになり、鍵の置き場所を忘れず、今夜分の心臓の薬を飲んだか覚えておけるようになり、アルツハイマー病に罹患しにくくなる、などということはないのである。

舌先現象は記憶の想起における正常な誤作動で、人間の脳の構造上致し方ない副産物だ。視力に矯正が必要な場合はメガネをかける。のどまで出かかった単語が思い出せないときは、グーグルを使えばよい。

「思い出せないものランキング」があるとしたら、固有名詞は一般的な単語よりもはるかにど忘れしやすい。人の名前を忘れるのは、よくあるまったく正常な現象であり、アルツハイマー病の初期症状ではない。その理由はこうだ。

私があなたとご友人に、ある男性の写真を見せたとしよう。あなたには写真の男性はパン屋《ベイカー》だと告げ、ご友人には写真の男性の名字はベイカーだと告げる。二日後に同じ写真を見せ、その男性について覚えていることはあるかと聞けば、あなたはおそらく彼がパン屋であることを覚えているだろうが、ご友人は彼の名がベイカーであることを忘れてしまっているかもしれない。
でも、ちょっと待って。あなたもご友人も、まったく同じ写真を見て、まったく同じ音声を聞いたはずだ。同じ「ベイカー」という単語が、職業として記憶領域に貯蔵されると、人名として貯蔵された場合よりも思い出しやすいのは、なぜだろうか？

この現象は、「ベイカーベイカーパラドックス」として知られている。知り合いにパン屋さんがいない場合でも、パン屋という職業はたいていの場合、脳内で多くの連想やシナプス、神経回路と結びついている。写真の男性がパン屋だと聞くと、男性が白い帽子とエプロンを身につけた姿が思い浮かぶのではないだろうか。その手には、麺棒や木べらが握られているかもしれない。昨日の夕食に食べた、焼きたてのパンを連想する人もいるだろう。子どもの頃に通ったパン屋さんが脳裏に浮かび、そこのシナモンドーナツがどんなに好きだったかを思い出すかもしれない。あるいはパン屋と聞いただけでアップルパイの香りと味が思い浮かぶ場合もあるだろう。

代わりに、この写真の男性はベイカーという名だと告げられたらどうだろう？　そういう名字の知り合いがいる場合は別として、何か思い浮かぶことはあるだろうか？　何もない。名字のベイカーは抽象的な概念であり、神経回路としては行き止まりの袋小路だ。名前を聞いても、それが目の前にある写真以外には脳内のどんな情報とも結びつかないため、覚えておくのが難しい。一方、パン屋という職業を支える神経回路の構造は、それよりも強固である。複雑に結合した神経回路が数多くあり、回路を活性化させる手がかり――単語、記憶、連想、ほかの意味など――も豊富にある。それゆえ、「この男性について覚えていることはありますか？」と聞かれたときに、それらをきっかけにして「パン屋」という答えを導き出せるのだ。記憶の想起をグーグル検索にたとえるなら、「ベイカーさん」よりも「パン屋さん」のほうが、検索結果の表示件数が多いのである。

なぜ人名を思い出すのが苦手なのに、相手のその他の情報は思い出せる人が多いのかという謎も、ベイカーベイカーパラドックスで説明できる。面識のある女性を見かけたときに、彼女がニューヨーク出身の医師で、去年ニュージーランド旅行をしたということは思い出せるのに、いくら考えても名前が出てこないということがある。シャロン？　スーザン？　ステファニー？　ああもう、何だっけ、となるのだ。

さいわい、このパラドックスについて知っていれば、人名を記憶し、こうした舌先現象を減らすための戦略が立てられる。固有名詞には、非常に記憶しづらいという神経学的特徴がある。ならば、ベイカーをパン屋に置き換えることで、記憶力を助けてやればよいのだ。ベイカーさんでは脳内に何の連想も生じないが、パン屋さんは違う。それならいっそ、両者を結びつけてしまおう！　写真のベイカーさんが白い帽子とエプロンを身につけ、顔に小麦粉をまぶしているところを想像してみよう。いまはちょうど手にゴムべらを持ち、チョコチップクッキーを焼いているところだ。

ニュージーランド旅行に行ったニューヨーク出身の医師で、私が名前を失念してしまった女性の場合を考えてみよう。彼女の名前がサラ・グリーンだとすると、私はこんな光景を思い描く。「I❤NY（アイ・ラブ・ニューヨーク）」Tシャツを着た女優のサラ・ジェシカ・パーカーが、ニュージーランドの青々としたグリーンの草原で、羊の心臓に聴診器を当てているのだ。これでサラ・グリーンという抽象的な名前が、複雑で、視覚的で、色鮮やかで、しかも奇妙でもある多くのディテールと結びついた。今度サラ・グリーンに会ったときには、おそらくかなりの確率で、結合されたニューロン群を活性化させ、彼女の名前を思い出すことができるだろう。

これでもう、舌先現象に対する不安は解消できたのではないだろうか？　しょっちゅう起きるど忘れは煩わしいものの、正常な想起の失敗だということはご理解いただけたと思う。それではここで、さっそくその正常な想起の失敗を経験していただこう。次に十問の質問を挙げた。即座にたやすく答えられる質問もあるだろうし、明らかに答えを知らない質問もあるだろう。後者は記憶障害ではない。単にその情報を脳内に保持していないというだけだ。だがそれ以外に、正答を知っていることはわかっているのに、思い出せない質問もあるに違いない。

1　ブラジルの首都は？
2　クイーンのリードシンガーの名前は？
3　光の速さはどれくらい？
4　『シャイニング』の作者は？
5　コロセウムがある都市名は？
6　太陽に二番目に近い惑星は？
7　「わが祖国（ディス・ランド・イズ・ユア・ランド）」を歌った歌手は？
8　幼稚園のときの担任の先生の名前は？
9　テレビ番組『フレンズ』のフィービー役の女優は？
10　『星月夜』を描いた画家は？

答えに詰まった質問が少なくとも一問はあった？　それなら、あなたはいま舌先現象に陥っている。トニー・ソプラノをめぐる私の舌先現象の例でおわかりのように、舌先現象に陥っても、問題の単語について、かなり多くの情報を思い出せることが多い。どんな音の単語？　最初の一文字は？　音節《シラブル》はいくつ？　その人、または場所について、何か言えることは？　こうした情報が強力な手がかりとしてはたらき、うまくすれば答えが浮かぶかもしれない。だが余分な情報がかえって醜い姉妹と化して、誤った神経回路へとあなたを誘導し、正答にたどりつけない可能性もある。

手がかりはあまり信用がおけない一方で、舌先現象には必ず付随する、あの「答えを知っている」という確信に満ちた思いは当てにしていい。私が問題の単語をお見せするか、選択肢の一つに加えるだけでも、みなさんはただちに正答がわかるはずだ。神経学的に言えば、再認はつねに想起よりたやすいのである。

まだ答えが出てこない？　答えはきっとみなさんの脳内にあるはずだ。探し続けてみよう。あるいは、じきに答えが浮かんでくるはずだから、それまで待つのもいい。とはいえ、私は舌先現象がどれほど鬱陶《うっとう》しいかよくわかっているし、親切な人間だし、何よりみなさんに次の章を集中して読んでいただきたいから、十の設問の答えをここに記すことにする。ブラジリア、フレディ・マーキュリー、秒速約三十万キロメートル、スティーヴン・キング、ローマ、金星、ウディ・ガスリー、お母さんに聞いてください、リサ・クドロー、フィンセント・ファン・ゴッホ。

ね、すっきりしたでしょ？

9　やることリスト

忘れずにやること。
母さんに電話する、
病院に予約を入れる、
アレルギーの薬を飲む、
牛乳を買う、
明日の朝ごみを出す、
兄さんにテキストメッセージを送る、
服をクリーニングに出す、

洗濯機の中身を乾燥機に移す、
ケンのメールに返信する、
十一時にグレッグとお茶する、
三時に娘を迎えに行く、
営業時間内に銀行に行く。

あとでやらなければならないことに関する記憶を、「展望記憶」と言う。この種の記憶は、心の中のタイムトラベルと言えるかもしれない。未来の自分のために、いま予定を立てているのだ。展望記憶は脳内の「やることリスト」であり、未来の時と場所で思い出さなければならない記憶だ。そしてこれは、忘れやすい記憶でもある。神経回路はこの種の記憶の保持にさっぱり役立ってくれず、うっかり忘れるということがあまりに多いため、展望記憶は記憶というより、物忘れの一種と考えたくなるほどだ。

展望記憶を忘れずに覚えておくためには、あとで遂行する必要のある行動や意図が、まずはいま、記憶へと記銘されなければならない。この段階で問題が生じることはめったにない。今夜寝る前に、大学から帰省する娘の航空便を予約すること。はい、これでよし。私はこの予定を覚えておくよう、ちゃんと脳に頼んだ。予定の記憶は、すでに脳内にある。

ありとあらゆる種類の問題が発生しがちなのは、このあとの第二段階である。私はこの予定を覚えておくということを、覚えておかなければならない。だが人間の脳は、覚えておくことを覚えておくのが概してひどく苦手なのだ。老化した脳だけではない。年齢にかかわらず、あらゆる脳が、である。意図の記憶（娘の帰省便を予約すること）は、いまから十二時間後の未来（今夜寝る前）に想起されなければならない。娘の帰省便の予約は、寝る前の歯磨きなどのように、身に染みついた就寝前の習慣ではない。そのため、「寝る前に娘の帰省便を予約すること」を思い出すきっかけとなる固有の手がかりを、少なくとも一つは作っておかないと、航空便を予約しそびれる公算が高いのだ。

展望記憶の想起は、きっかけとなる外的な手がかりが頼りだ。手がかりには、時間ベースのものがある。ある特定の時間に、あるいは一定の時間が経ったあとに○○をしよう、と覚えておくのである（「二時五十分になったら学校に子どもを迎えに行くのを、忘れないこと」）。ほかに、事象ベースの手がかりもある。特定の出来事が起きたら○○をしよう、と覚えておく方法だ（「ダイアンに会ったら、ついでにうちの子を送迎してもらえないか、頼んでみること」）。

だがこの種の記憶は、用意した手がかりがいまひとつだったり、気づくべきときに手がかりを見過ごしてしまったりすると、想起しそこねることがきわめて多くなる。するつもりだったことをし忘れてしまうのだ。それもしょっちゅう。展望記憶は、「お茶しようよ」とよく声をかけてくるくせに、二回に一回は約束をすっぽかす、忘れっぽい友人のような存在だ。こうした予測不能なうっかり忘れに、私たちの大半は毎日のように悩まされている。だれもが歯磨き粉を買い忘れ、母親に電話し忘れ、延滞している本を図書館に返却し忘れるのだ。

みなさんは、以下のような状況に覚えがないだろうか？ ここに掲げた質問は、展望的・回想的記憶質問紙（PRMQ）から引用したものだ。それぞれの質問に、どの程度覚えがあるかで点数をつけてみてほしい。「しょっちゅうある」なら五点、「よくある」なら四点、「ときどきある」なら三点、「あまりない」なら二点、「ない」なら一点だ。

1 あと数分で何かをしようと決めたあとで、し忘れることがありますか？

2 あと数分でするはずだったことを、その対象が目の前にあるのにし忘れることがありますか？（たとえば、薬を飲む、やかんの火を消すなど）

3 ほかの人に促されたり、カレンダーやダイアリーなどのリマインダー機能を使ったりしないと、予約を失念することがありますか？

4 販売店を目にしていながら、買うつもりだったもの（たとえばバースデーカードなど）を買い忘れることがありますか？

5 部屋を出る前や外出する前に、何かを持って出るつもりでいたのに、数分後にはそれが目の前にあるにもかかわらず、持たずに出てしまうことがありますか？

6　ある人が来たら伝言を伝えてほしい、または何かを渡してほしいと頼まれたのに、伝え忘れたり、渡し忘れたりすることがありますか？

7　友人や親戚が留守で連絡がとれなかったときに、あとでかけ直そうと思いながら、電話し忘れることがありますか？

8　数分前に伝えるつもりだったことを、伝え忘れることがありますか？

みなさんの合計スコアは何点だっただろうか？　私は二十五点だった。一点（ない）や二点（あまりない）をつけた質問は皆無である。

マーケティング企業は、消費者の展望記憶の脆弱性につねに付け込んでくる。三十日間の無料トライアルを使ってオンラインのエクササイズプログラムに参加したり、瞑想アプリをダウンロードしたり、メールマガジンの配信登録をするときには、結局使わないことがわかったり、気に入らないところが見つかったりした時点で、必ず解約や配信停止をするつもりでいる。だが実際には、エクササイズは気に入らず、瞑想の習慣は身につかず、最初の二日間以降はメルマガの記事など一切読んでいないにもかかわらず、ある日突然、年会費九十九ドルがクレジットカードの明細書に記載されているのを目にすることになる。解約や配信停止をうっかり忘れてしまったのだ。

一九九七年、三十五歳から八十歳までの成人千人を対象とする、展望記憶と加齢に関する研究が行われた。被験者は全員、健康や社会経済状態や認知機能に関する多岐にわたる質問を受けた。だが、本当に調べたい内容はほかにあった。面接開始時に、被験者は実験者からこう伝えられていたのである。「面接の最後に私が書類にサインすることになっておりますので、その旨おっしゃってください」。面接は約二時間続いた。さて、どのくらいの被験者が覚えていられただろうか?

三十五歳から四十歳の成人では、実験者に書類にサインするよう促すことを覚えていたのは、わずかに半数程度だった。驚くべきことに成績が最もよかったのは四十五歳の被験者で、七十五%がやるべきことを覚えていた(論文の執筆者は、なぜこの年齢コホートが十歳若い被験者より有意に優れた成績を上げたのかを訝《いぶか》しんでいるが、理由を説明する説得力のある論拠や仮説は提示できていない)。だが成績は、そこからは下る一方となる。五十歳から六十歳で忘れずに実験者に書類のサインを促した被験者は、半数を切っていた。六十五歳から七十歳では三十五%、七十五歳から八十歳ではわずか二十%にとどまった。

実験者が手がかりを与え、被験者を手助けするとどうなるだろうか? 被験者がやるべきことを忘れ、面接終了時に実験者に書類のサインを促さなかったとしよう。そこで実験者がヒントを出したらどうか？「何かやっていただくことがありませんでしたか？」と聞くのである。ほら、あれですよ、あれ。こうしてきっかけとなる刺激《プロンプト》を与えると、年代を問わず思い出す率が上がったが、どの年齢層でも一〇〇％は達成できなかった。六十五歳以上では、覚えておくことを覚えていられた人は半数に満たなかった。

ひょっとすると、覚えておくのを忘れやすいのは、それが些末なことだから――生死に関わりのないありふれた予定で、重大な計画ではないからかもしれない。覚えておきたいことがきわめて重要なら、展望記憶の想起を当てにできるのではないか？　優先度の高い予定に関する展望記憶なら、忘れるということはないのでは？

まったくそんなことはない。

一九九九年十月十六日土曜日、世界一有名なチェリストであるヨーヨー・マがニューヨークでタクシーに乗り、約二十分かけてペニンシュラ・ホテルに行き、料金を払い、タクシーを降りた。タクシーが走り去ってすぐ、ヨーヨー・マは忘れ物に気づいた。二百五十万ドル相当の二百六十六年物のチェロを、トランクに置き忘れてしまったのだ。なぜそんなことが起きたのだろうか？　その高価で貴重な名器は、ヨーヨー・マの生活で一番重要な所持品だったはずだ。

彼はのちに、あのときは疲れているうえに急いでいたから、注意がおろそかになり、認知機能が低下していたのだろうと述べている。だがヨーヨー・マがチェロを置き忘れた最大の要因は何かと言えば、それはチェロケース——巨大で間違えようのない手がかり——が視界に入っていなかったことだ。降車の際、展望記憶——「タクシーを降りるときに、忘れずにチェロを持っていくこと」——を呼び起こすはずの手がかりが見えなかったので、記憶の活性化に失敗したのである。見えないものは忘れてしまうのだ。同日後刻、警察が見つけたチェロが無事手元に戻り、ヨーヨー・マは大いに胸をなでおろした。

同じようなエピソードだが、チェリストのリン・ハレルがニューヨークのタクシーのトランクに、四百万ドル相当の十七世紀製ストラディヴァリウスのチェロを置き忘れたこともある。さいわい、ハレルのチェロも無事戻ってきた。これはどういうことだろう？　高額なアンティーク楽器を所持するチェリストは、展望記憶を人一倍忘れやすい人種なのだろうか？

そういうわけではない。私たちのだれもが、展望記憶を忘れがちなのだ。外科医も例外ではない。二〇一三年、米国の医療安全の監視機関ジョイント・コミッションは、過去八年間に患者の体内に置き忘れられた手術器具が七百七十二個に上ると報告した。ウィスコンシン州の男性患者の腫瘍を摘出した外科医は、全長三十三センチメートルの開創器を患者の体内に残したまま切開部を縫合した。カリフォルニア州の男性患者の腸内には、十五センチのクランプ鉗子が残されていた。ほかにも、ただならぬ数のはさみ、メス、スポンジ、手袋が患者の体内から見つかっている。

値段のつけられないほど貴重なチェロをタクシーのトランクから出し忘れたり、三十センチもある手術器具を他人の腹腔に置き忘れたりするのは、言ってみれば一大事である。パンを買い忘れたとか、ごみを出し忘れたとかいうのとはわけが違う。それでいて、実際のところ、両者はまったく同じなのだ。ちょうどいいときにちょうどいい場所に適切な手がかりがなかったり、本人がうっかり手がかりを見逃したりすると、人は当然覚えているはずのことを忘れてしまうのである。

展望記憶はどの年代の人にとっても厄介な代物で（十代のお子さんは、部屋を出るときにちゃんと忘れずに電気を消しているだろうか?）、どの職種の人にとっても難敵である（とりわけ外科医とチェリストにとっては油断がならない）。なのに私たちは不当にも、こうしただれにでも身に覚えのあるうっかりミスを犯したと言っては、他人を非難し、他人から非難される。同僚が大事な会議に出席し忘れたり、十代の娘がクッキーを焼いたあとにオーブンを消し忘れたりすると、実際には展望記憶が原因の些細な過失であるにもかかわらず、それを注意力の欠如、性格的欠陥、信頼できない人柄、無責任さのせいだと解釈し、ときにはアルツハイマー病の症状の可能性さえ疑う。だがこれは神経変性疾患のせいでも、性格に難があるためでもない。たったいまバースデーパーティーに到着したあなたが、きちんとリボンをかけて用意周到にキッチンテーブルに置いておいたプレゼントを持ってくるのを忘れたのは、性格のせいではなく、おそらくは適切な手がかりがなかったためだ。過ちは人の常だが、ことに展望記憶を頼りにしたときには起こりやすい。

だからこそ、展望記憶を助ける工夫が必要なのである。

やることリストを作ろう。

展望記憶を補助する外部の助けを作り出そう。メニューを持った手をめいっぱい伸ばし、眉をしかめて印刷された文字に目をこらしながら、暗くてよく見えないなとこぼし始めたら——あるいは、スマホの文字をどんどん大きくするようになったら——どうすればいい？　老眼鏡を作ることだ。目だけでは周囲がはっきり見えなくなったら、老眼鏡という外部の助けを借りて、この短所を補えばいいのである。

やることリストは、展望記憶にとっての老眼鏡だと考えることができる。リストを作るのは恥でもなんでもない。いま計画していることを、あとになっても覚えておけるなどとは思い込まないほうがいい。おそらくそれは無理だ。潔く書きとめましょう、みなさん。

私は最近、子どもたちのためにワッフルを作ろうと、牛乳を買いに行った。車でスーパーに行き、買い物をし、家に帰った——牛乳なしで。キッチンに入り、隅に置いてあるワッフルメーカーを目にして、ようやく私は牛乳を買い忘れたことに気づいた。次に買い物に行くときは、手がかり（ワッフルメーカー）を小脇に抱えてスーパーに行くか、それが嫌なら買い物リストを作るべきだろう。あとは、リストを持っていくのを忘れなければいいだけだ。

やることリストを作るだけでは十分ではない。リストのチェックも必要である。外科医も人間である以上、展望記憶の弱点と無縁ではない。手術器具を取り出さずに患者の切開部を縫合する危険とつねに隣り合わせである外科医にとって、解決策の一端となるのが、リストをチェックする習慣だ。いまではチェックリストがあるおかげで、外科医は（注意を払いさえすれば）手術中に使う器具すべての所在を確認することができる。同様に航空機のパイロットは、着陸前に車輪を出すのを思い出すのに、気まぐれな展望記憶に頼ることはしない。ありがたいことに、チェックリストを使うのである。

カレンダーに予定を入れよう。

展望記憶を保てる期間には、正直あまり期待できない。来週、娘のダンス教室に月謝の小切手を持っていくのを覚えておかなければならない場合、あと七日間のあいだ、それをずっと意識にとどめておくのは現実的でないし、不可能だ。

ここでも、やることリストと同様に、脳内のカレンダーを外在化するのがおすすめだ。明日の午後四時に会議に出席することを覚えておきたいなら、当てにならない展望記憶に頼ってはいけない。脳が予定を忘れてしまえば、厄介なことになる。先々やらなければならないことは、全部カレンダーに書くか、カレンダーアプリに入力する習慣をつけよう。そのうえで、一日何度もカレンダーをチェックする習慣をつける。アプリやソフトの場合はアラームや通知をセットし、定期的にカレンダーを見るようにするといい。

ピピッ！　いまは三時五十分。四時に会議あり。それ行け！

予定を明確にしよう。

指に白い糸を巻いておいても、何かを覚えておく必要があったということしかわからない。糸を買い足したいなら別だが、そうでなければ、この手がかりは漠然としすぎていて、覚えておきたい記憶に確実にたどりつくには心もとない。

展望記憶に「あとで運動すること」などと告げるのもやめよう。この意図を思い出させる特定の手がかりが、一つも組み入れられていない。どんな運動？　場所は？　時間は？　率直に言おう。あとで運動することを、あなたはきっと忘れてしまうに違いない。

その代わりに、こう自分に言い聞かせるといい。「正午になったら、ヨガに行くこと」。これで、心理学で言う「実行意図」が形成された。さらに、玄関にはヨガマットを置いておこう。ヨガマットが視覚的手がかりになってくれる。カレンダーアプリに「正午にヨガ」と入力し、リマインダーが十一時四十五分に鳴るようセットしておこう。ヨガの教室までは車で十分だから、これで安心だ。

ナマステ。

ピルケースを使おう。

薬の飲み忘れは、展望記憶の失敗のなかでも一番よくある、困ったミスだ。さいわい、シンプルなピルケースとリマインダーを用いれば、この問題は解決できる。ピルケースは曜日ごとに仕切りが分かれた、服薬を管理できるものを使うとよい（必要に応じて、一日数回の服用回数ごとに仕切られたものを使うこともできる）。手がかりとして、カレンダーアプリの通知や服薬管理アプリのリマインダーをセットすれば、忘れずにピルケースに手を伸ばせる。こうしておけば、「あれ、今日の薬もう飲んだっけ？」というエピソード記憶の物忘れを防ぐのにも役立つ。ピルケースを調べて、火曜の仕切りが空かどうかを見ればいいのだ。一石二鳥である。あれ、でもちょっと待って。今日って何曜日だっけ？

絶対に見逃さない場所に手がかりを置こう。

明晩の友人宅でのディナーパーティーに持っていこうと、ワインを買ったとする。茶色の紙袋に包まれたワインボトルは、いまはキッチンカウンターに置かれている。やることリストに「ワインを持っていく」と書くか、カレンダーの明日の欄に「ワインを持っていく」と入れておかないと——出がけにたまたまカウンターの上に目をやり、運よく紙袋に気づくということがないかぎりは——かなりの確率で、私は友人宅に手ぶらで到着することになるだろう。

恋人のジョーは、こうした展望記憶の失敗を防ぐために、持っていかなければならないものを決まって玄関に置いておく。パーティーにワインを持っていくって？　じゃあ、ワインボトルを玄関の床に置いておけばいい。コンサートのチケットを忘れないでよ。玄関の床の上。この手紙、忘れずに出しておかなきゃ。玄関の床の上。忘れたくないものに（文字どおりの意味で）けつまずかないかぎり、家から出られないようにしておくのだ。

必ず玄関でなければならないというわけではないが、これは理にかなった方法だ。忘れたくないものにちゃんと気づき、意図した行動をとるためには、手がかりが適切な場所に置かれていることが肝心なのである。夜寝る前に忘れずに薬を飲みたいなら、ピルケースを見えない戸棚の中にしまうのではなく、歯ブラシの横に置いておくといいだろう。

日課が狂ったときは気をつけよう。

私たちの多くは、日課の一部を展望記憶の手がかりとして利用している。寝る支度を始めると、歯磨きを思い出すといった調子だ。毎日朝食後に薬を服用している人は、ベーグルと深煎りコーヒーが手がかりとなって、心臓の薬を飲むことを思い出す。

だがもし日課を飛ばしたり、一時的に日課が乱されたりして、頼りにしていた手がかりが変化するか、手がかり自体がなくなってしまったときは、よくよく気をつけたほうがいい。朝の約束に遅れそうだからという理由で、今日に限って朝食を抜いてしまったあなた。心臓の薬を飲むのを忘れていませんか？　日課が狂ったときには、必ずしばし立ち止まり、その日課と結びついた展望記憶内の予定を変えたり抜かしたりしていないか、考えてみるといいだろう。

そして次にタクシーやウーバーで手配した車に乗ったときには、車外に足を踏み出す前に、どうかこう自問してほしい。「トランクにチェロを置き忘れていないかな？」

10 記憶の敵は時間

起きてから今日一日にしたことを、すべてリストアップしてみよう。しばらく読書を中断し、実際に書き出してみてほしい（これを読んでいるのが午前八時で、まだほとんど何もしていないという方は、昨日したことでもかまわない）。あらゆる知覚経験、何をしたか、だれといたか、天気、服装、食べたものと飲んだもの、どこにいたか、何を学んだか、どう感じたか。今日という日に関して思い出せることを、すべて思い出してみるという課題である。

終わったら、ちょうど一週間前についても、同様にやってみてほしい。ちょうど一か月前、ちょうど一年前はどうか。今日、あるいは昨日のことなら非常に多くのことを思い出せるだろうが、過去に遡《さかのぼ》るにつれ、思い出せることはどんどん減っていくはずだ。みなさんが私と同じような記憶力の持ち主なら、一年前の今日を思い出せと言われても、何一つ浮かんでこないに違いない。

あれほど豊富だった経験や情報の記憶に、いったい何が起きたのだろうか？

時が経過したのだ。原因はそれである。

記憶の最大の敵は時間だ。記憶を形成し、保持するだけでは十分ではない。いくら経験に注意を払い、そこからいくつかの感覚情報や感情を選び出し、それらを一つの記憶へとまとめ上げ、その記憶を、経験で活性化されたニューロン間のシナプス結合の変化という形で貯蔵しても、それだけでは時間の経過には抗えないのである。記憶を思い返さず、埃をかぶった古いトロフィーさながらに大脳皮質の棚に置きっぱなしにしていると、記憶は時の経過とともに劣化していくのだ。

では、最終的には記憶は無と化すのだろうか？　時が経ち、活性化されないままの記憶は、いずれ抹消されてしまうのか、それとも痕跡だけはずっと残るのか？　一見失われたかに思える一年前の今日の詳細な情報は、適切なきっかけさえあればよみがえらせることが可能なのだろうか？　一年前の今日の詳細な情報を私が提示したら、みなさんははっきりと思い出すのだろうか？　それともその記憶は完全に朽ちてしまい、すでにみなさんの脳内には何の情報も残っていないのだろうか？　かつてあったシナプス結合は――あの記憶は――文字どおり、消えてしまったのだろうか?

こうした疑問を最初に科学的に探究し、その答えを見出したのが、一八八五年に研究を発表したヘルマン・エビングハウスだ。人間が学習内容をどれくらい早く忘れるのかを調べるため、エビングハウスは一音節の「無意味綴り」と呼ばれる単語を二千三百語作り出した。たとえば、こんな単語である。

wid
zof
laj
nud
kep

発音できるよう子音・母音・子音を連ねた三文字の単語にしたが、どれも意味を持たない造語であるため、この語に関連する連想をはたらかせることはできない。エビングハウスはこれらの造語を暗記し、短時間が経過したあと(暗記直後、数分後、一時間後など)と、長時間が経過したあと(翌日、一週間後など)の自らの記憶力をテストした。

エビングハウスが見出した答えは、さほど驚くべきものではない。学習から想起までの時間が長くなればなるほど、忘れる度合いも大きくなった。つまり記憶ははかなく、いずれ消えゆくものだというのが、エビングハウスの達した結論である。

自身で行ったこの研究で、エビングハウスはあることに気づいた。最初のうち、忘却は非常に迅速に進む。二十分経っただけで、エビングハウスは暗記した無意味綴りの半数近くを忘れてしまった。だが二十四時間後には忘却の度合いは緩やかになり、約二十五％の記憶保持率でほぼ横ばいとなった。このパターンは「エビングハウスの忘却曲線」と呼ばれ、大概の放っておかれた記憶が時間経過とともにたどる道筋を示している。学習内容を保持するために意図的に努力したり、計画的な戦略を用いたりしないかぎりは、経験したことの大半を人はほとんどすぐに忘れてしまう。だが即座に急激な落ち込みを見せた忘却曲線は、その後は横ばい状態となる。記憶は初期に大幅に失われるものの、覚えている一部の内容はその後も保持されるらしい。

たとえば、高校で習った外国語を卒業後は一度も口にしていないとする。使わないでいると、一年も経てば習ったことの大半は忘れてしまうだろう。だが忘却の度合いは、そこからは横ばいとなる。かろうじて残った外国語の記憶は、その後五十年のあいだ脳内にとどまり続けてもおかしくないのだ。私は中学高校で三年間、ラテン語の授業を取った。額に入れて飾ってある卒業証書や修了証書の文字以外では、十六歳から一度もラテン語を目にしていない。だが数十年経ったいまでも、人称によるbe動詞の活用（sum, es, est, sumus, estis, sunt）を暗唱できる。同時に、この活用以外はほとんど何も覚えていない。使用されず、反復されず、重要でもない記憶は、その大半があっという間に消え去る。だがあとに残るわずかばかりの記憶は、どうやら永久に保持されるらしい。

つまりエビングハウスと彼の忘却曲線を信じるなら、記銘して記憶となった情報は時間経過とともに急速に劣化するものの、完全に消え去ることはないのである。エビングハウスが初めて行った記憶の保持に関する実験も、時間が経っても記憶は完全には消失しないという仮説を裏付けている。たとえば、無意味綴りの単語リストを間違えずに暗唱するのに、当初は十回の反復が必要だったとしよう。その後、単語リストを残らず忘れるまでひたすら待つ。忘れたあとに同じリストを再学習すると、たった五回反復しただけで、間違えることなく暗唱することができる。つまり、意識のうえではリストの無意味綴りを一つも思い出せなかったときも、実際には記憶が跡形もなく消え失せたのではなかった。脳は、無意味綴りを初めて学習する前の状態に戻っていたわけではない。じつは脳内には無意味綴りの記憶痕跡が残存しており、それが単語リストの活性化や再学習を容易にしていたのだ。

だが一方で、記憶が生理的に抹消されうることを示す証拠も見つかっている。近年の研究で、記憶を表象するシナプス結合が長いあいだ活性化されないと、結合が物理的に取り除かれることが判明している。長期間休眠状態に置かれると、ニューロンはほかのニューロンとの解剖学的・電気化学的結合を文字どおり退化させるのである。そうなると、そのシナプス結合、ひいてはその結合に含まれていた記憶は、もはやどこにも存在しなくなる。

私たちはみな、こうした現象をどちらも経験している。私は中学一年と二年でイタリア語の授業を取ったが、以後最近までイタリア語は一切勉強もしなければ、口にもしていなかった。曜日を言ってみろと言われても、まったく答えられなかっただろう。全部忘れてしまったと言っただろうし、自分でもそう信じていた。だが「月曜日《ルネディ》、火曜日《マルテディ》……」と人が言うのを聞いただけで、それが刺激《プロンプト》となって、続きが一気に口をついて出てきたことがあった。「水曜日《メルコレディ》、木曜日《ジョヴェディ》、金曜日《ヴェネルディ》、土曜日《サバト》、日曜日《ドメニカ》」。えっ、うそ！　この記憶、いったいどこから出てきたの？　イタリア語の曜日の記憶がまだ脳内に存在していることに、私自身も気づいていなかったのだ。

その一方で、どれほど多くのヒントを出してもらっても、昔は覚えていたはずの記憶がどうしてもよみがえらないということもある。先日、友人の口からペロポネソス戦争という言葉が飛び出した。高校の世界史の授業で習ったなという記憶は、確かにある。たぶんテスト前に一夜漬けで勉強し、解答用紙に書くまでのあいだだけ頭にとどめておいたのだろう。だが当時からこの戦争には関心がなかったために、無意味な情報がたどるエビングハウスの忘却曲線そのままに、私は暗記内容の大半をたちまちのうちに忘れた。その後は歴史学ではなく神経科学を修め、ペロポネソス戦争について学んだことを一度も考え直さなかったことで、テスト後に残っていたわずかながらの記憶も、時間の経過とともに生理的に消滅してしまったらしい。この戦争についての詳細をいくら友人から聞かされても、私にはピンとこなかった。おそらく、ペロポネソス戦争に関するニューロンの結合は取り除かれてしまったのだろう。

一部であれ全部であれ、記憶が最終的に消えてしまうかどうかは、脳内に収納された情報をどうするかによって変わってくる。記憶に及ぼす時間の影響に抗うには、主に二つの方法がある。反復することと、意味を付加することである。

脳内に貯蔵できた情報を保持したいなら、絶えず活性化を行うことだ。その情報を、何度も何度も思い返すのである。情報を思い返し、反復練習《リハーサル》し、くり返そう。反復を続け、過剰学習(習得済みの知識や技能をその後も学び続けること)の段階まで到達すれば、時間経過で失われる記憶の量を大幅に減らすことができる。言い換えれば、自己テストで満点を取るまで学習し、その後も学び続けるということだ。マスターするまでではなく、マスターしたあとも反復練習を続けるのである。私はいまだにウィリアム・シェイクスピアの『マクベス』の独白、「明日、また明日、また明日と……」を一字一句間違えずに暗唱できる。高校二年のときにこの厄介な代物を過剰学習したおかげだ。

車を運転していて、二十年間耳にしていなかった曲が不意にラジオから流れ出す、するととたんに歌詞が浮かんでくる――という経験はないだろうか？　歌い出すと、一箇所も間違えずに歌いきることができる。二十年前に大ヒットしたときには、あなたはその曲を一日何度も耳にし、何度も歌ったはずだ。ラジオ局はその曲を過剰オンエアし、おかげであなたは過剰学習した。こと記憶の保持においては、時間との戦いで最大の力を発揮する戦士は「反復」なのである。

でもじつは、あなたには忘れたいことがあるかもしれない。仮に、配偶者が浮気をしたせいで離婚に至ったとしよう。離婚までのつらい顛末やいま感じている心痛のことは、できれば忘れたいのではないだろうか？　そんなときは、起きたことを反復するのはやめよう。友人との会話で一連の経緯を蒸し返したり、何度も頭の中で思い返したりするのはよくない。つらい体験を過剰学習するべきではない。自制心を発揮して放っておくことができれば、嫌な記憶はいずれ消え去る。かつての配偶者が浮気をしたという事実を忘れることはないだろうが、放置することで、記憶の感情的な要素は次第に薄れていく。時がすべての傷を癒やすのは、記憶が侵食されるからである。

時間経過から記憶を守るもう一つの主要な方法は、意味を付加することだ。いまみなさんに三つの無意味な言葉――グルードロン、ミケーデルテア、フィディクラッド――を示し、暗記するように言っても、みなさんはじきに忘れてしまう公算が高い。だが、代わりに実在する三つの単語――ウクレレ、マイク、虹――を示せば、何の問題もなく覚えておけるだろう。なぜなら後者の文字の連なりには意味があり、脳が三つの単語を、次のような意味のあるストーリーへとまとめられるからだ。

女性はウクレレを弾きながら、マイクに向かって「虹の彼方に」を歌った。

人間の脳は、意味が大好きだ。覚えておきたいことに物語性をまとわせ、関心がある既知の対象との連想を作り出せば――あるいはそれを、自分の人生の物語における特別な瞬間にはめこめば――記憶を忘却しないよう、耐性をつけられる。自分にとって意味のある記憶は、考え、共有し、利用し、回想しやすい。こうして意義深い記憶は頻繁に反復され、反復されることでさらに強化されていく。エビングハウスが無意味綴りをすぐに忘れたのは、単語に意味がなかったからだ。保持したい情報に意味があるときは、忘却曲線はまったく異なる形を描く。

最近観た映画のうち、あまり気に入らなかったものを一つ挙げてみてほしい。私の場合、『ラ・ラ・ランド』がそうだった。あの映画の詳しい情報を、いくつ言える？「主演はエマ・ストーンとライアン・ゴズリングだった」。どんな話？「あまり覚えていない。歌ったり踊ったりしていたのは確かだけど」。だれと一緒に観たか覚えている？「いいえ」。映画を観ながら、ポップコーンなどのスナックをつまんだ？「覚えていない」。何曜日だった？「さあ」。観たのは機内、地元の映画館、それとも自宅？「機内か自宅のどちらか」。一字一句間違えずに引用できるセリフはある？「まさか」

なぜ私は、あの映画のことや一年前の今日のことを思い出せないのだろう？　映画にも一年前の今日にも、ずっと執着できるほどの意味が備わっていなかったからだ。去年の今日はおそらく、いつもと変わらぬ一日だったのだろう。スターバックス、執筆、昼食、用事、子どもの習い事、夕食、歯を磨きなさいと子どもに何度も言う、就寝――あまりにも平凡で、何百日もあるその他の日々と同じ一日。その日の朝ごはんが、使った言葉が、交わした会話が、本の一章が、スタバのチャイティーラテが、観た映画が特別に意義深いものでなければ（そして意義深いゆえに何度も思い返し、共有し、反復し、再読し、ついには過剰学習に至るのでなければ）、それらの記憶はやがて時の経過によって完全に消え去るか、ぼんやりとした残滓へと薄れゆき――忘却曲線の最下層へと押しやられる。私は『ラ・ラ・ランド』にも一年前の今日にもそうした特別な意味を感じられなかったため、どちらのこともろくに覚えていないのだ。

今度は、観たとたんに大好きになった映画を一本挙げ、同じ質問を自問してみてほしい。答えの質にも量にも、違いが現れるはずだ。

私は去年、ボストンコモンの映画館で、ジョーと友人のサラと一緒に『アリー／スター誕生』を観た。サラと私はポップコーンを食べた。映画館へは徒歩で行った。十月だった。左側にサラ、右側にジョーという並びで、前から十二列目くらいのちょうど真ん中に座った。映画は最高だった。何週間ものあいだ、私は感動に浸っていた。サラとは映画のこと、無条件の愛、依存症、そして人間の弱さについて、テキストメッセージで何度もやりとりした。スポティファイでサウンドトラックを流しながら、歌を口ずさんだ。映画について、オプラ・ウィンフリーがブラッドリー・クーパーにインタビューしたポッドキャストも聞いた。『ラ・ラ・ランド』の印象とは違い、『アリー／スター誕生』を観た記憶は時間が経っても消え去る心配はないだろう。この映画が私にとって意義深い作品となったからである。

今日という日を過ごしながら、どの経験や情報が時の試練に耐え抜くだけの意味を持つか、試しに考えてみよう。今日学んだことや起きたことのうち、明日まで、一週間後まで、一年後まで、あるいは二十年後まで覚えていられることはあるだろうか？　それとも今日の記憶はあっという間におぼろげになり、エビングハウスの忘却曲線の最下層へと沈むのだろうか？　完全に忘れ去られた人生の日々は、はたしてどれくらいあるのだろう？

11 忘れられる幸せ

神経科学や心理学のテキストでは「忘却を知らなかった男シィー」として知られるソロモン・シェレシェフスキーには、驚異的な記憶力が備わっていた。ロシアの心理学者アレクサンドル・ルリヤは、三十年間にわたってシェレシェフスキーの記憶力を再三テストしている。シェレシェフスキーは、数字や無意味な情報の膨大なリスト、何ページにもわたる話せない外国語の詩、理解できない複雑な科学の方程式を暗記することができた。さらに驚くべきことに、何年も経ったあとにルリヤが再テストしたところ、シェレシェフスキーはこれらのリストを順番どおり、まったくミスなく思い出せたという。

すばらしい超人的能力だと思われるのではないだろうか？　だが驚異的な情報量を記憶でき

るシェレシェフスキーの非凡な才能には、代償が伴っていた。無意味なことも多い膨大な量の情報に、シェレシェフスキーは負担を感じていた。シェレシェフスキーには、情報を選別し、情報に優先順位をつけ、不要で手放したい情報を忘れることがきわめて困難だった。日々の生活においては、忘却できないことが、ときに深刻なハンデとなっていたのである。

私たちは忘れることを厭いがちだ。「忘却」にはつい、だれもが大好きなヒーロー「記憶」と壮絶な戦いをくり広げる悪者の役を割り当ててしまう。だが、忘れることは必ずしも悪いことではない。それは嘆かわしい老化の兆候でも、認知症の症状でも、恥ずべき失敗でも、解決すべき不適応問題でも、あるいは偶発的な事象ですらないかもしれない。昨日起きたことの詳細を今日覚えておけるのは、いい面ばかりとも限らない。ときには知っていることを忘れたい場合もある。

忘れることはきわめて重要だ。忘却は人間の機能を、毎日ありとあらゆる形で助けている。不必要で無関係で邪魔な記憶、なかでもつらい記憶は、私たちの心を掻き乱し、失敗を引き起こし、憂鬱《ゆううつ》な気分に陥らせるおそれがあるが、そうした記憶を排除できるというのはありがたい仕組みだ。ときには、あることに注意を払うために――ひいては記憶するために――別のことを忘れる必要が生じるが、これは忘却が記憶力の向上を助けているととらえることもできる。

多くの研究者は、忘却は人間に生まれつき備わっている、いわば「初期設定」だと考えている。覚えておくために積極的に策を講じないかぎり、脳は記憶した情報を自動的に忘れていく。しかも簡単に。五十の坂を越えると、忘却はいともたやすいものとなる。忘れるのに努力はいらない。注意を払わなかっただけで、さっき会った女性から今しがた聞いたばかりのことをもう忘れる。関連する強力な手がかりを作らなかっただけで、クリーニングに出した服を引き取り忘れる。定期的に想起せずに長い時間が経過したせいで、高校二年で習った産業革命の内容を思い出せない。私たちは非力で受け身な、忘却の犠牲者だ。それは天災のように襲ってくる。だが忘却は、巧みな方策でもある。あえて選択することができる、能動的で意図的な、好ましい作用でもあるのだ。

例を挙げよう。私は新著のプロモーションや講演で各地を回ることが多く、毎晩違う都市に滞在することも珍しくない。過去四日間に泊まったホテルの部屋番号をすらすら暗唱できたらたいしたものかもしれないが、個人的には、新しいホテルのエレベーターに乗るときには、昨夜の部屋番号は忘れていたい。エレベーターに乗ったとたん、ここ四日間の部屋番号がすべて浮かんできてしまったら、頭が混乱し、どの階数ボタンを押せばいいのかわからなくなるだろう。チェックアウト後は、できればすみやかに部屋番号を忘れたい。自動制御で動く脳内の記憶システムは、情報を記憶するだけではない。不要となった情報を積極的に忘れる作業も行っているのである。

同様の例はまだある。うちには幼い子ども二人に加え、大学生の娘がいるが、上の娘は帰省のたびに、同じように食べ盛りで軽食に目がない友だちを何人も引き連れてくる。そのため、娘が帰省中は、私は週に何度も食料品の買い出しに出かけることになる。買い物袋を山ほど積んだショッピングカートを押してスーパーを出るたびに、私は「車、どこに停めたっけ?」と考える。もしこの瞬間に、先月の、先週の、あるいは昨日の駐車場所を思い出してしまったら、無関係な情報の奔流にのまれて、駐車場のどこに向かえばいいのかわからなくなるだろう。この瞬間に私が想起したいのは、今日車を停めた場所だけだ。つまり以前の駐車場所をそっくり忘れるのは、この場合にはいい考えだということになる。そして車にたどりついたときには、今日の駐車場所のことはもう忘れてしまいたい。この場所の記憶が邪魔をして、明日、駐車場所を思い出せなかったら困るからだ。

こうした日課の細部の忘却は、治療する必要のある、心配しなければならない欠陥ではない。ホワイトボードに今日の予定を次々になぐり書きしていくところを想像してほしい。シャワー、着替え、コーヒー、朝食、通勤、駐車……。一日が終わる頃には、ホワイトボードは情報や知覚したこと、経験したことで埋め尽くされる。だがありふれた、取るに足らない細部を忘れられれば、ホワイトボードはまたきれいに消され、新たな一日の予定を書き込むスペースが生まれる。忘れることで、次に覚えておきたい記憶の保持や想起が容易になるのである。

とはいえ、忘れるのがつねにたやすいとは限らない。私たちは記憶するほうが難しいと考えがちだが、忘れることが一苦労な場合もある。私は一か月ほど前にネットフリックスのパスワードを変更したが、その後数週間、カーソルでパスワード入力を促されるたびに、指が勝手に古いパスワードを打ち込むのを抑えきれなかった。旧パスワードのマッスルメモリーがしぶとく生き残り、新パスワードの記憶の想起を——そして指を動かす新たなマッスルメモリーの形成を——妨げていたのである。私は意図的に旧パスワードを忘れ、古い記憶を新パスワードの記憶に置き換えなければならなかった。

何もせずに放っておけば、旧パスワードの記憶は時間経過とともにいずれ弱まり、薄れていっただろう。だがここで問題がある。放っておくということは不可能なのだ。うっかり旧パスワードを打ち込むたびに、その古い記憶が活性化され、強化されてしまうからである。

経験したことを忘れるのは、たいていは偶発的な受け身の現象だ。シナプス結合が自然と退化するか、あるいはその記憶を定期的に想起しないことで生じる。だが、記憶プロセスのどの段階においても、保持したくない記憶を積極的に忘れることは可能だ。前述したように、記憶形成の第一段階は経験や情報の記銘である。記憶を作るには、情報を知覚し、注意を払わなければならない。したがって、意図的に忘却する方法の一つは、そもそも記銘の段階で注意を払わない、というものだ。目をそらす。聞かない。意識をよそへ向ける。そうすれば情報は記銘されない。人差し指を耳に入れ、「わーわーわー、聞こえないからね！」と大声を出して耳をふさぐことがあるが、意図的な忘却のためにそれをやるわけだ。あえて注意をほかへそらすというのは、経験や情報の記憶が保持されないようにするための、非常に効果的な方法である。

だがすでに注意を払ってしまい、情報が脳内に入り込んだあとだと仮定しよう。その場合は、固定化のプロセスの最中に意識的あるいは無意識的に情報を破棄し、選択的に忘却することが可能だ。たとえば私たちは、自分に関するネガティブな情報の固定化を制限する傾向がある。自分に関する負の情報は、長期的な保持がなされないのだ。不愉快な情報は選り分け、忘れようとするのである。

ポジティビティ・バイアスに関する面白い研究がある。心理学者が被験者に偽の性格検査を施し、「点数」をつける。それから、被験者に虚偽の検査結果を提示する。それは被験者の性格を表す三十二種の特性を並べた性格リストで、肯定的な特性と否定的な特性のどちらも含まれている。その後、被験者にできるかぎり多くの特性を思い出してもらう、という実験である。

被験者はどんな特性を覚えていただろうか？　みな否定的な特性より肯定的な特性のほうをはるかに多く覚えていたが、性格リストがだれかほかの人のものだと聞かされたときは別だった。その場合は、肯定的な特性と否定的な特性の記憶数は変わらなかったのである。自己像に関して、私たちはポジティビティ・バイアスをはたらかせる。固定化する情報を選別したうえで、自分のよい特性を覚えておき、悪い特性の記憶は積極的に排除する。つまり、忘れるのだ。

では、すでに固定化がなされ、長期記憶として保持されかけている記憶を忘れたいときは、どうすればよいのだろう？　その場合には、想起のきっかけとなる手がかりや文脈に接するのを避けるのがよい。あの場所には行かない。あの記憶のことは考えず、話題にしない。うっかり反復練習《リハーサル》しないようにする。イライラするＣＭソングを口ずさみ始めていることに気づいたら、すぐにやめよう。キャンセル、キャンセル。最後まで歌ってはいけない。ほかのことを考えるのだ。不快な記憶の神経回路を活性化してはいけない。記憶を完全に想起するたびに、その記憶は強化されてしまうからだ。放置されればされるほど、記憶は弱まり、忘れられていく。

もちろんこの戦略は「言うは易く行うは難し」で、とくにトラウマを味わった人にとっては簡単ではない。心的外傷後ストレス障害（ＰＴＳＤ）を発症した人は、不快な記憶を想起し、再体験し、再固定化するのをやめられない。そして痛ましいことに、不快な記憶を意に反して思い出すたびに、図らずもその記憶を強化してしまうのである。不快な記憶のごく一部――とくにその経験の感情的側面――だけでも活性化を阻止できれば、時間の魔法がはたらき、記憶が薄れるチャンスが生まれる。だがそんなことは不可能なようにも思える。ＰＴＳＤを発症した人は、性暴力を、自動車事故を、戦場の一日を否応なく思い出す。どうしても忘れることができないのだ。

このほかにも、トラウマとなった記憶を忘れる方法として、ひょっとするとより期待できそうなアプローチが、変化をもたらそうとの意図をもってその記憶を思い返すことである。前述したように、起きたことの記憶を思い返すと、記憶は改変されやすい。想起のたびにオリジナルの記憶が新しい記憶で上書きされるからだ。以後は、このバージョン2・0とも言うべき新しい記憶が再固定化され、保持されていく。この記憶の改訂は通常、無意識のうちに行われる。

だがもし、トラウマの原因であるディテールを含まないよう工夫をこらした、改訂版のバージョン2・0の記憶を、意図的に作成できるとしたらどうだろうか？　訓練されたセラピストの誘導によって、再固定化のさなかに恐怖や不安を呼び起こす要素を排除し、痛ましい記憶を再フォーマットできるとしたら？　書き換えられやすいというエピソード記憶の特徴を逆手に取ることで、痛ましい記憶を、穏やかで和やかな、感情を掻き立てない（ニュートラルな）バージョンへと置き換えられるかもしれない。

想起のきっかけとなる手がかりや文脈を避けられず、どうしても記憶を思い返してしまうのなら、『アナと雪の女王』のエルサの言葉ではないが、こだわるのはやめよう《レット・イット・ゴー》。「もう忘れなさい。いつまでもこだわっていちゃだめ。執着しないで」と脳に告げるのだ。うまくすれば、脳が従ってくれるかもしれない。こうした自己教示法は場合によっては効果的で、新たな記憶が完全に形成される手前で固定化を阻止してくれるほか、すでに作られた記憶を意図的に消去する、ニューロンのシグナル伝達プログラムを活性化すると考えられている。

自分自身に忘却を命じる際に、自己教示法と並んで役に立つ可能性があるのが、視覚化だ。脳内の膨大な情報量に辟易したシェレシェフスキーは、なんとかして必要のない余分な記憶を取り除こうとした。シェレシェフスキーは無用の記憶に火がつき、情報が炎や煙となって燃え上がり、あとには灰しか残らなかった、という場面を思い描いた。すばらしい心的イメージだが、残念ながらシェレシェフスキーの記憶は鮮明なまま、しぶとく脳内に残り続けた。

それでも、シェレシェフスキーは諦《あきら》めなかった。彼は記憶術公演のために暗記した、無意味な数表を忘れたかった。その願望が思い出すまいとする断固たる意思に結びつき、さらに数表のイメージの欠如（あるいは何も書かれていない数表のイメージ）に意識を集中させたことで、ようやく成果が現れた。頭の中から数表が消えたのである。そうした心的イメージと、意識から不要な記憶を消せという自身への命令とによって、すべてを記憶する男として有名だったシェレシェフスキーは、ようやく忘れることができるようになった。

古いパスワードを入力してしまったり、間違って覚えたゴルフスイングをなかなかやめられないといった現象はしつこいマッスルメモリーが原因だが、マッスルメモリーを新たな記憶に置き換えるには、また別の戦略が必要だ。マッスルメモリーは、意識的な指令のないところではたらく手続き記憶であるため、そこに保持されている手続きや運動スキルは「忘れろ」という意識による要請には反応しないからである。旧パスワードを新パスワードに、間違ったゴルフスイングをよりよいストロークに置き換えるには、初期バージョンを習得するときと同じ方法をとるしかない。練習、練習、また練習である。指が自動的にバージョン2・0を選ぶようになるまで、ひたすら新パスワードをタイプしよう。新しい動きが自然と身につき、ドライバーの打ち方に関するマッスルメモリーが書き換えられるまで、ゴルフクラブを振り続けよう。

意図的な忘却を仲介する部位はどこなのか？　詳しいことはわかっていない。意図的な忘却の神経科学はまだ端緒についたばかりだが、いずれ脳内の能動的な忘却の仕組みが判明したあかつきには、PTSD、うつ病、自閉症、統合失調症、依存症といった神経障害や精神疾患に関する有用な知見が得られるだろう。ここに挙げたどの疾患においても、記憶と結びついた手がかりを忘れられないことが不適応を引き起こしているからである。

人はだれしも驚異の記憶力を欲しがるものだが、すべてを劣った記憶力のせいにすることも、優れた記憶力のおかげと思うことも適当ではない。最適な状態で機能する記憶システムには、データ貯蔵とデータ破棄——記憶と忘却——のバランスをとる絶妙の調節機構がはたらいているのだ。ベストな状態で機能している記憶システムは、すべてを覚えておくことはしない。意義深く有用な記憶は保持し、そうでない記憶は破棄する。信号《シグナル》はキープし、不要な情報《ノイズ》は除去するのである。忘れるという人間の能力は、記憶する能力に負けず劣らず、必要不可欠なものと言えるだろう。

12

正常な老化現象

年齢にかかわらず、忘れることは、人間の記憶の正常な機能の一部である。注意を払わなかったとき、適切な手がかりや文脈がないとき、起きたことが日課や取るに足らない出来事のとき、練習をしなかったとき、睡眠不足やストレス過多のとき、長い時間が経過したとき、私たちは忘れる。だが歳をとると、物忘れもまた（言うなれば）老化する。

みなさんもおそらくはお気づきだろうが、年齢を重ねるにつれ、外見や体の機能にあまりうれしくない変化が起きる。白髪が増え、目尻にしわができ、眉間には塹壕のような深い溝が刻まれる。洋服のタグに印刷された洗濯表示は老眼鏡がなければ読めず、毎年出場している五キロのランニングレースのタイムは、去年より一分も遅くなった。そしてもちろん、記憶力にも以前のような力強さは感じられない。控えめに言っても、だ。

予測不能なほどものぐさで信用できない、無責任な記憶力は、困った従業員のようなものかもしれない。ミーティングには再三遅刻し、準備もしてこない。電話には出ない。デスクでは、しばしばよだれを垂らして居眠りしている。以前はこうではなかった（とあなたは思っている）。かつては仕事のできるやつだったのだ。だが近頃は、どうもいけない。

一番よく耳にするのは、「しょっちゅう言葉が出てこなくなる」というぼやきである。のどまで出かかっているときもあれば、まるで五里霧中のときもある。会話が止まり、気まずい沈黙が続くなか、期待顔の相手を前に、あなたは焦りと羞恥心に苛まれながら待つ。まるで脳内の神経回路がすべて動きを止めたかのようだ。その瞬間に頭の中で起きていることを表すとしたら、フリーズしたアップル製品ではてしなく回り続ける、あの死のレインボーカーソルしかない。

長い間のあと、ありがたいことに探していた単語が唐突に意識に浮上してくる。あなたは思い出し、大いに胸をなでおろす。だが心には、ストレス要因《ストレッサー》がしこりのように残る。むくむくとふくらむ、嫌な予感――いまのど忘れは、いったいなんだったんだ？

こうしたど忘れは、十中八九、神経科医に診察してもらう必要のない、中年男女の正常な物忘れの一例である。単に年をとって、忘れっぽくなっただけだ。記憶システムが老化したことの表れで、病気の兆候ではない。

まずはうれしいニュースからお伝えしよう。歳をとったからといって、記憶力が一律に減退するわけではない。たとえば、加齢による退化はマッスルメモリーでは起きない。五十になっても自転車の乗り方は忘れないし、九十になっても、脳の疾患や外傷さえなければ、着替えの仕方、食事の仕方、電話の使い方、孫へのメールの打ち方、本書の読み方を覚えていられる。マッスルメモリーは歳をとっても揺らぐことはない。だがやり方はわかっていても、遂行する能力は以前のようにはいかなくなるかもしれない。歳をとれば筋力が弱まって柔軟性が失われ、反応時間が長くなり、視力や聴力も若い頃より劣ってくるだろう。習い覚えたやり方は忘れない。ただ、年老いた体が覚えた動作の遂行に耐えられるかが問題なだけだ。

一般的に言って、高齢者は意味記憶（語彙や習得した情報）の貯蔵量が若年の成人よりも多い。加齢とともに知識は増える。そしてありがたいことに、蓄えた知識は顔のコラーゲンと同じ運命をたどることはない。高齢者は若者より物知りだ。歳をとっても、人間は意味記憶を固定化し、貯蔵し続けることができる。円周率を十一万千七百桁暗唱した日本の元エンジニア、原口證をご記憶だろうか？　その偉業を達成したとき、原口は六十九歳だった。老化していても健康であれば、脳は驚くべき記憶の妙技をなす能力を保ち続けるのである。

だがおそらくはすでにご推察のとおり、記憶の機能の多くは、加齢とともに低下するのが普通だ。よくある物忘れの失敗――なぜか単語が出てこないという例のど忘れを、もう一度取り上げてみよう（「あの俳優の名前、なんだっけ？」）。加齢に関連した正常な物忘れで最も目立つのが、自由再生（ヒントなしで記憶を想起すること）の際に起きる舌先現象である。舌先現象の頻度は、典型的には四十歳頃を境に上昇する。最適な手がかりがない（あるいはもっとひどいことに、手がかりがまったくない）状態で、しかも写真の中からだれかの顔を見つけたり、A、B、Cの三択から正しい単語を選んだりするのではなく、知っているはずのことを記憶力だけで思い出さなければならないとき、この想起は加齢とともに難しくなる。

歳をとり、自由再生の能力がにわかに落ちてきたという実感があったとしても、ありがたいことに、記憶の再認能力や親近性は揺らぐことはない。『ザ・ソプラノズ 哀愁のマフィア』の主演俳優の名が思い出せないときでも、答えを見れば、それが正解だということはすぐにわかる。いまより数十歳年をとっても、そこは変わらない。再認能力が低下しないということは、その意味記憶の情報は数十年経ってもしっかりと脳内に保持されており、加齢によって消失しないことを意味する。出てこない単語は、頭の中にあるのだ。ただ、年齢を重ねると、要求に応じて情報を引き出すのがより困難になるのである。

エピソード記憶を再生する能力も、通常は加齢とともに低下する。ただし、歳をとると起きたことを忘れやすくはなるが、覚えていることに関しては、若い人と比べて記憶内容の正確性

（および不正確性）に違いはない。では、展望記憶はどうか。第9章で述べたように、あとでやるつもりのことを確実に覚えておく能力にかけては私たちはいずれもかなりお粗末なのだが、五十の坂を越えると、このぱっとしない能力はさらに悪化の一途をたどる。だが何歳だろうと、あとで思い出さなければならないことをメモしておくのは、記憶力減退の証拠でも恥でもない。分別があるというだけだ。

ワーキングメモリーも、音韻ループと視空間スケッチパッドの双方が、加齢とともに如実に低下していく。電話番号やWi-Fiのパスワードを一気に伝えられると、四十歳のときより六十歳のときのほうが、その情報をワーキングメモリーに保持しておくのが難しいだろう。歳をとると、いま知ったばかりの情報が消え失せるまでの時間が早まるのである。

脳の処理速度は通常三十代で衰え始める。新たな情報の学習や保持した情報の想起に、より時間がかかるようになるということだ。注意力を持続する能力も、加齢とともに低下する。したがって三十歳のときより五十歳のときのほうが、気が散るような刺激を遮断しづらくなる。新たな記憶は注意を払わないと形成されないことから、注意力が減退すれば記憶力も損われることになる。

想起の能力も無事では済まない。アルツハイマー病の兆候を示し始める何十年も前から、祖母は頻繁に私を「アン」「ローレル」「メアリー」などと呼んだ。祖母には娘が五人、義理の娘が四人、孫娘が大勢いた。高齢になるにつれ、私の名を思い出そうとするたびに、こうした関連性はあるが注意をよそへそらす、競合する女性名を無視するのが難しくなっていったのだ。

歳をとると、一度に二つ以上のことに注意を向けるのも困難になる。同時に二つの出来事が起きている場合、双方とも覚えておくのが難しいのはもちろん、どちらか片方も覚えておけないようになる。さらに、もともと関連性のない複数の情報を新たに関連付けて記憶するのも難しくなる。「猿－バナナ」という組み合わせは若い人と同じように思い出せても、「猿－飛行機」という組み合わせは覚えづらくなる。

高齢になると思い出にはバラ色のフィルターがかかるようになり、よいことを覚えておき、悪いことは忘れる傾向が強まる。例を挙げよう。若年の成人と高齢の成人に、ポジティブな感情を引き起こす写真、ネガティブな感情を引き起こす写真、感情を引き起こさない（ニュートラルな）写真という三種類の写真を何枚も見せ、しばらくしてから写っていたものを思い出してもらった実験がある。予想どおり、高齢者は全体的に若年者より記憶枚数が少なかった。若年者は感情を掻き立てないニュートラルな写真よりも感情を掻き立てる写真をよく覚えており、ポジティブな写真とネガティブな写真の記憶率はどちらも同じように高かった。だが高齢者はポジティブな写真の記憶枚数がネガティブな写真の二倍に上り、ネガティブな写真の記憶枚数はニュートラルな写真の記憶枚数と大差なかった。その後、高齢者にテスト時には忘れていたネガティブな写真を見せたところ、みな大半の写真を容易に再認した。つまり、いずれの写真も高齢者の記憶領域には保持されていたのだが、見たものを思い出すよう指示された際には、ネガティブな感情を引き起こす写真に関しては、意識的な想起が行えなかったということだ。

いくら正常な現象とはいえ、加齢による記憶力の減退に待ったをかける方法が何かあるはずだ、とお考えに違いない。記憶形成、想起、処理速度の低下が、ことごとく不可避なはずがないではないか、と。こう書くのは気が引けるが、答えはこれ以上ないほど強い「いいえ、不可避です」になってしまいそうだ。毎日ドーナツを食べ、追いかけられないかぎり走らず、しょっちゅう睡眠時間を削っては、ネットフリックスの最新ドラマを夜中の三時までかけて全シーズン一気観し、慢性的にストレスを抱えていれば、記憶力の老化はまず間違いなく加速するだろう。反対に、地中海食やMIND《マインド》食（地中海食とDASH《ダッシュ》食を組み合わせた食事法。後述する）をとり、定期的に運動し、毎日瞑想し、一日八時間の睡眠をとっていれば、記憶力はすぐに向上するに違いない。若々しい記憶力を長期にわたって維持する効果も期待できそうだ。こうした健康的な生活を送るようにすると、認知症を患うリスクも減らせる可能性がある。とはいえ、いくら生活を改善しても、ガタのきた水漏れするボートから永久に水をかい出せるわけではない。

皮膚にたとえてみよう。帽子をかぶり、日焼け止めを塗り、ほぼ屋内で過ごしていれば、日焼け止めも塗らずに毎日日光浴した場合よりは皮膚の老化は遅い。だがどんな対策を講じようとも、長生きすれば、いずれ皮膚は老化する。それは記憶力も同じだ。まわりの同世代よりしわやたるみが多い人や少ない人がいるように、歳は同じでも、加齢による記憶力への影響が出やすい人と出にくい人がいる。なかには、一般的な七十歳に比べて、鋭敏で反応のよい記憶力を維持している七十歳もいる。だがそんな人でも、三十歳のときに比べれば、処理速度も記憶力もおおむね劣化しているはずだ。

では、「使わなければだめになる」ということわざを脳に当てはめてみたら？　頭脳を使い続けていれば、歳をとっても記憶力を保てるのではないだろうか？　認知機能を活発に保つのは、アルツハイマー病にかかりにくい脳を作る一つの方法だ。だが、それによって加齢で生じる記憶力の正常な老化現象が阻まれたり鈍化するという、説得力のあるデータは見つかっていない。

一流チェスプレイヤー、教授、パイロット、医師――頭脳を使い続けている人々――を被験者とした一連の研究はどれも、加齢によって想起の能力が低下し、記憶機能全般が減退すること、またそれは被験者の専門分野でも変わらないことを示している。折り紙の精度は十年ごとに四％低下し、それは空間記憶能力を仕事で日常的に使っている建築家でも変わらなかった。

記憶力を維持できるのではと考え、俗に言う脳トレを行う人は多いが、こうしたゲームに多大な時間を費やして好成績を上げたところで、それで脳の機能が調《ととの》うということはない。認知機能強化を謳った特定の課題に上達はするだろうが、トニー・ソプラノ役の俳優の名前はやはり出てこないだろう。記憶力ゲームをプレイしても、加齢による正常な記憶のエラーは予防できない。クロスワードパズルにのめりこむ人も、パズルを解かない人とまったく同じように、加齢に関係した記憶機能の減退を経験する。

だが、ここでいいニュースをお知らせしよう。命あるかぎり、人間であることの避けがたい一部である老化は必ず起き、記憶機能の多くは加齢によって自然に衰えるが、だからといって記憶力の低下に打つ手がまったくないわけではない。本書でお伝えした戦略や知見――注意を払う、注意を散漫にするものを減らす、反復練習《リハーサル》をする、自己テストを行う、意味付けをする、視覚的・空間的イメージを用いる、日記をつけるといった方法――を活用すれば、何歳であっても記憶力は伸ばせる。七十歳のときにこうした工夫をこらしても、記憶力に与える影響は三十歳のときほど顕著ではないかもしれないが、それでも効果は表れるはずだ。原口證が二十九歳のときに円周率の暗記にトライしていれば、二十万桁の暗唱も夢ではなかったかもしれない。だが彼が反復、集中的な練習、視覚的イメージ、物語作りといった方法で六十九歳で成し遂げた偉業は、すでに十分神業的な驚異に満ちている。こうした方法は年齢を問わず、だれでも活用することができる。みなさんも道具は手にしている。あとはただ、使うだけだ。

13 アルツハイマー病

「二週間前、結婚三十四年の妻の横で目を覚ましたときには、隣の女性がだれかを思い出すまでに十分かかかった。だれか大切な人だというのはわかっていたけど、どうしても点と点がつながらなかったんだ」。これは友人グレッグ・オブライエンが明かしてくれた、無数の痛ましい記憶障害の一例にすぎない。数年前、私はジャーナリストとして高い評価を得ているグレッグから、初めてメールをもらった。巧みな言葉で綴られた賛辞の数々に、文才あふれるファンレターだなと思いかけたとき、以下の文が目に飛び込んできた。

このメールの文面にそれほど感銘なさらないでください。ここまで書くのに二時間かかりました。数年前なら、五分もかからずに書けていたでしょう。ですが時間をかけて書いた甲斐はありました。

グレッグはこの二年前、五十九歳で若年性アルツハイマー病の診断を受けていた。私はよく、「正常な老化現象とアルツハイマー病の記憶障害のあいだに明確な違いはあるんですか？」と聞かれる。実際はどうなのか？　まるで違います、というのが答えだ。

このときグレッグにもらったメールを皮切りに、私の人生でも数えるほどしかない、すばらしい友情が始まった。以来数年にわたって、アルツハイマー病が進行し、グレッグの記憶を徐々に蝕んでいくかたわらで、私たちはいいこと、悪いこと、みじめなこと、考えるだに恐ろしいこと――およそ考えつくありとあらゆることについて語り合った。あるときグレッグは、冬のさなかだというのに、濡れた服を着てコーヒーショップに現れた。ハグをした際、手に触れたグレッグのシャツがじっとりと冷たいのに気づいた私は、「何があったの？」と聞いた。グレッグによれば、自宅で洗濯した服を乾燥機から出したところ、まだ湿っていたそうだ。再度乾燥機にかけるやり方が思い出せず、クローゼットから乾いた服を持ってこようと頭を切り替えることもできずに、濡れた服をそのまま着てきたのだという。

別のときには、二人並んで著書のサイン会を行っていたところ、グレッグが顔を寄せて、

『Q』っていう字はどうやって書くんだっけ」とささやいてきたこともあった。私は紙切れにQを書き、授業中にこっそり手紙を回すいたずらっ子のように、テーブルの下からそっとグレッグに手渡した。

グレッグがまだ車を運転し、私が愛情を込めつつも、運転は諦めたほうがよいのではとしつこく説得を試みていた頃のことだ。あるとき、ジープを運転していたグレッグは、不意に路上に現れた鹿に驚き、急ハンドルを切った。グレッグのジープは、一回転して転覆した。だが本人が後日打ち明けてくれたところによれば、悪くすれば死んでいたかもしれない大事故に遭ったにもかかわらず、車内で逆さまになったグレッグが考えていたのは、「どうしよう、リサ・ジェノヴァに怒られる」ということだったという。

グレッグの脳内では、いったい何が起きているのだろう？　アルツハイマー病が原因の記憶障害（記憶・言語・認知の障害を含む包括的な用語としては、「認知症」が使われることが多い）は、脳の処理速度が遅くなったり、注意力が衰えたせいで起きるわけではない。アルツハイマー病の初期段階では、記憶の固定化と想起に関わるニューロンのシナプスが分子レベルで破壊され、神経回路の構築に必要な結合を阻害することで、認知症が起きる。病気が後期にまで進行すると、ニューロン自体の死滅によって記憶障害が生じる。

アルツハイマー病の分子レベルでの原因はいまだ論議の的だが、大半の神経科学者は、「アミロイドβ《ベータ》」と呼ばれるタンパク質が蓄積して、シナプスにプラークという沈着物を形成し始めることで、病気が発症すると考えている。最初期の段階では自覚症状は何もない。グレッグの場合、この段階はいまから何年も前のことで、その頃には異常な記憶障害の症状は出ていなかった。一見無害に思えるアミロイドプラークの蓄積が転換点に到達するまでには、十五年から二十年の歳月がかかると考えられている。だがいったん蓄積量が転換点に達すると、分子レベルでのカスケード（反応の連鎖）が引き起こされ、神経原線維変化、神経炎症、神経細胞死、病的な記憶障害などが発生するのだ。

アミロイドプラークのことは、火のついたマッチと考えるとわかりやすいかもしれない。火のついたマッチが一本あっても、たいした問題は起きない。だがある閾値《しきいち》を超えたとたん、マッチ一本からたちどころに火が回り、森林火災が起きる。アルツハイマー病も同様で、アミロイドβのプラークの蓄積量がある閾値を超えると、とたんに脳内は火の海と化す。この段階に至ると、患者は深刻な記憶障害を経験するようになる。

せめてもの救いは、脳内でアルツハイマー病が進行するまでには、非常に長い時間がかかることである。だが、悪い知らせもある。あなたが四十歳以上なら、おそらくいままさに、あなたの脳内にはアミロイドプラークが蓄積されつつあるはずだ。蓄積量がいまだ転換点に達していないときには、記憶に関するうっかりは、大概以下のような形で表れる。

あれ、なんでこの部屋に来たんだっけ？

ああもう、あの人の名前が思い出せない。

鍵、どこにやった？


ひどく癪に障りはするものの、一〇〇％正常な物忘れだ。だがアミロイドプラークの蓄積量が転換点に到達したあとは、正常な物忘れとは著しく異なる記憶機能の障害が発生する。転換点をとうに過ぎているグレッグの場合、数分前に起きたことを忘れる、自分や私がついさっき言ったことを覚えていない、昨日あったことを忘れるといったことが日常的に起きる。

「朝起きると、もう昨日何をしたか覚えていないんだ」とグレッグは言う。「そんなことはしょっちゅうだよ。コーヒーショップで執筆しているときに、知り合いに声をかけられたとするだろ。しばらく話をしてから別れて、一時間後に同じ人が現れると、『久しぶり。どうしてた？』って言ってしまうんだ。相手は『一時間前に話したばかりだよ』って言うんだけど、こっちはそんな記憶はない。会話どころか、会ったことすら覚えていないんだ」

アルツハイマー病は海馬で始まる。もうみなさんもご存知のとおり、新たな記憶を形成し、意識的に保持するのに欠かせない脳の部位だ。アルツハイマー病の初期症状が、しばしば今日、者が同じ話や質問を何度もくり返す理由はそこにある。こうした短時間での物忘れは正常とは言えない。すでに形成された古い記憶はいまだ保持されている一方で、通常なら海馬で長続きする記憶として固定化され、のちに想起できるはずの新たな情報が失われているのだ。アルツハイマー病の患者は、わずか一時間前にとった昼食の内容（あるいは昼食をとったこと自体）を忘れる場合があるが、その反面、六十年前の小学校登校時の思い出話を詳しく披露することはできるのである。

だが私たちはだれしも、ついさっきパートナーに言われたことを忘れ、会話の途中で何を話すつもりだったかわからなくなり、五分前にオーブンのスイッチを切ったかどうかも覚えていなかったりする。こうした日々のうっかりとアルツハイマー病は、どう違うのだろう？　アルツハイマー病を発症していないあなたは、パートナーの言葉に注意を払えば、相手の言ったことを覚えておける（嘘じゃありません。試してみてください）。だがグレッグの場合、いくら注意を払っても、私の言葉を覚えておける保証はない。アルツハイマー病患者にとっては新しい記憶の形成は難しく、時が経つほどにさらに難しくなる。その仕事をこなせる海馬の領域が、刻一刻と萎縮していくからだ。

ぴったりの言葉を思い出せなくなるというのも、アルツハイマー病の初期症状だ。だが前述したように、「ああもう、あの人の名前が思い出せない」というのは、加齢とともに頻度が多くなる正常な物忘れだ。だとしたら、今度トニー・ソプラノ役の俳優の名前が出てこないとき、それが通常の舌先現象なのかアルツハイマー病の症状なのかは、どうすればわかるのだろう？

二十五歳の人は週に数度の舌先現象に見舞われ、その頻度は加齢とともに増していくが、六十九歳のグレッグは同様の言葉のど忘れを日に数十回も経験している。しかも、頭には何の手がかりも浮かんでこない。最初の一文字だけが立ち上がって、おーいと手を振ってくれることはないのだ。しかも舌先現象で出てこないのがほぼ必ず固有名詞であるのに対し、グレッグは同じくらいの頻度で普通名詞も思い出せなくなる。

このステージに至ったアルツハイマー病患者と一緒にいると、じれったい当てっこゲームをさせられている気分になることがある。

あれ、持ったか？
あれって？
あれだよ。歯をきれいにするやつ。
歯ブラシのこと？
そう、それだ！

アルツハイマー病の患者は、次第に極力シンプルな単語を使うようになっていく。「スーツケース」や「手荷物」のことを「かばん」、「書類」のことを「紙」や「あれ」と呼ぶのである。こうした普通名詞が出てこなくなったら、それはだれにでも覚えのある、癪に障る困ったうっかりではない。それは深刻で重大な記憶障害――つまり認知症だ。たとえばグレッグの場合、幼少期から知っているような人であっても、ふだん見かけない状況でその人と会うと、いままでは七十%の確率で相手の名前が出てこない。何も浮かばないのだという。

私は相手に、認知症を患っていることを伝える。先方はふつう、「大丈夫だよ、グレッグ」と言って自分の名を告げ、たいていはハグしてくれる。これは《認知症患者にやさしい接し方》の初歩かもしれない。私を哀れんでのハグではない。おそらくみな、いつか自分が同じ旅に出るかもしれないことを悟っているのだ。

グレッグもアルツハイマー病を患う前は、名前や単語が出てこないとき、私たちの大半がすることをしていた。自分の脳内を検索するのである。アルファベットを順に試す。目指す単語を突き止めるか、せめて関連のある回路に出くわしたいと願いながら、神経回路の海を探し回る（「もうちょっとだ。すぐそばまで来てるぞ。あとは、正しいニューロンを活性化するだけだ」）。だがアルツハイマー病を患っているいまは、グレッグにはわかっている。単語が自然と意識の面《おもて》に浮かんでくることはない。アルツハイマーという淀んだ泥濘《でいねい》の底に沈みきっているからだ。

こんなとき、グレッグは自分の脳を使うことには拘泥《こうでい》せず、グーグル検索を使う。

私はつねにノートパソコンを持ち歩いている。グーグル相手に当てっこゲームを行うためだ。思い出したい名前や出来事や場所を、「～のようなもの」と説明して検索するのである。「ブロードウェイ」という単語が思い出せないときには、「ニューヨークにあるエンターテインメントの場所」と打ち込み、何が出てくるかを見てみる。それでだめなら、「大晦日にカウントダウンのボールドロップをやるところ」と付け加える。これで「タイムズスクエア」がわかった。あとは、「ニューヨークのタイムズスクエア」または「ニューヨークで一番の演劇」と入力すればいい。

もちろん、検索中に思わぬ落とし穴にはまり、探している単語が見つからないこともよくある。途中で迷子になったり、脇道にそれたりしたときには、矢印の「戻る」ボタンを何度も押し、検索してきた道のりを引き返す。このやり方で目指す単語に行き着くこともあれば、結局たどりつけないこともある。

悲しいことに、アルツハイマー病は海馬だけにとどまってはくれない。連続殺人犯のロードトリップさながら、次々にほかの脳領域をも侵食していくのである。空間情報処理を司る頭頂葉にまで病変が及ぶと、患者は慣れ親しんだ場所でも道に迷うようになる。『アリスのままで』を読んでいただいた方は、アルツハイマー病によって空間記憶の想起を阻害されたアリスが、二十五年も勤務してきた職場のすぐ近くのハーバードスクエアで、ある日突然迷子になる場面をご記憶かもしれない（舞台をニューヨークに移し替えた映画版では、アリスはコロンビア大学のキャンパスで失見当識《しっけんとうしき》〔時間や場所、人などを正しく認識できなくなること〕に陥り、迷子になる）。

アルツハイマー病は、ヒトの進化において最後に発達した部位である、前頭葉および前頭前野の神経回路のはたらきも阻害する。これらの脳領域が病魔に侵されると、論理的思考、意思決定、計画立案、問題解決といった機能が低下する。グレッグが乾燥機から出した生乾きの服でなく、クローゼットの乾いた服を着ようと頭を切り替えられなかったのは、病変が前頭葉にまで広がっていたためだ。

この段階に至ると、注意力の低下から来る記憶障害も見られるようになる。患者は次第に鍵、財布、スマートフォン、メガネ、ノートパソコン、現金などを置き忘れるようになる。だが気を散らす要素の多い現代社会では、だれもが「私の〇〇、どこに置いたっけ?」という経験を日常的に経験している。これが正常な物忘れか、アルツハイマー病の初期症状か、どうやったら区別できるのだろう?

探していた鍵が玄関のサイドテーブルの上やコートのポケットで見つかるようなら、その物忘れはおそらく正常だ。腹立たしくはあるが、心配する必要はない。きっと鍵を置いたときに置き場所に注意を払っていなかったのだろう。あなたのアミロイドプラークの蓄積量は、まだ危険な閾値に達してはいない。

だがもし冷蔵庫で鍵が見つかれば、こちらは少々心配な話となる。さらに見つかった鍵を見て、「これ、何に使うんだっけ?」と一瞬わからなくなるようであれば、それは正常な老化の兆候ではない。鍵の用途を忘れるというのは、意味記憶の障害だ。記憶システムに生じた認知症の症状かもしれない。

第2章に書いたが、私は立体駐車場に停めた車を見つけられなかったことがある。急いでいた私は駐車場所に注意を向けず、ただちに車を離れて講演会場に走っていった。その後一時間半ほど経って戻ってきたときには、駐車場所を思い出せなくなっていた。周回を行ったり来たりして探したが、一向に見つからない。盗まれたのだと確信しかけたそのとき、突然車が目の前に現れたというエピソードだ。だがこの車両紛失事件は、記憶の想起をしくじったために起きたのではない。原因は不注意だ。私は実際には何も忘れていなかった。駐車場所に注意を払わなかったために、そもそも駐車場所に関する記憶が形成されていなかったのである。

今度はグレッグの体験をお聞かせしよう。まだ車を運転していた頃、グレッグは黄色のジープでごみ捨て場に行った。車を出て、ごみを捨てたところで、グレッグははたと立ち止まった。困ったぞ。どうやって家に帰ろう？　わずか一分のあいだに、車でごみ捨て場に来たことを忘れてしまったのだ。目の前に自分の黄色のジープが停まっていたが、この何より明らかな手がかりも、エピソード記憶（「たったいま車でごみ捨て場にやってきた」）と意味記憶（「目の前の黄色いジープは自分の車である」）を活性化することができなかった。

グレッグは可能なかぎりの問題解決を試み、とれる選択肢を考えた。「『［息子の］コナーに電話するか、家まで歩くか、だれかに頼んで車に乗せてもらおう』。そう思って、送ってくれる人がいないかなとあたりを見回したよ。自分で車を運転してごみ捨て場に来たことは、すっかり忘れていた。目の前の黄色いジープが自分の車だっていうことも、まったくわからなくなってたんだ」

だがその後、不意に解決が訪れる。ジープという手がかりがやっとのことで病魔に侵されていない神経回路を見つけ、エピソード記憶や意味記憶を活性化することに成功したのだ。「ふと気づいたよ。『待てよ、これはおれのジープじゃないか。自分で車を運転してきたんだった。この車で帰れるぞ』ってね。脳内の電気が一度は切れかけたけど、ありがたいことに、その後もう一度ついたってわけさ」。こうしてグレッグの脳内の電気は切れずにすんだ——いまのところは。

アルツハイマー病は、気分や感情をコントロールする脳領域である、扁桃体と大脳辺縁系の機能も損なう。そのために、患者は悲しみ、怒り、性欲などの調節が効かず、抑制できなくなることがある。つねに冷静だった父が、激しい怒りの発作をしょっちゅう起こす、といったことが起きるのだ。グレッグは日常的に激しい怒りに襲われている。発病後の祖母は、スーパーでハンサムな男性を見かけると、決まって手で触れるようになった。

さらにアルツハイマー病は、マッスルメモリーを宿す神経回路をも蝕んでいく。こうなると、患者は物事のやり方を忘れるようになる。グレッグは「Q」という字の書き方を忘れた。祖母は小切手の使い方を忘れ、ブリッジのやり方を忘れ、料理の仕方を忘れた。最終的には患者は着替えの仕方、トイレの使い方、アイスクリームコーンの食べ方、そして食べ物の飲み込み方がわからなくなる。

アルツハイマー病でまず損なわれるのは新しい記憶の形成だが、やがては最も痛ましいとも言える記憶障害が生じる。すでに貯蔵された古い記憶を宿す神経回路が破壊されるのだ。この段階に至った祖母は、もう私がだれかを覚えていなかった。グレッグに忘れられる日が来るのを私は恐れている。アルツハイマー病の治療法がない以上、悲しいことだがその日は確実にやってくるだろう。

記憶障害の初期症状が出てからアルツハイマー病の末期に至るまでには、平均八年から十年かかる。最終的には、あらゆる種類の記憶の形成と想起に深刻な障害が生じる。アルツハイマー病が原因の記憶障害は、あらゆる脳領域に蔓延し、壊滅的被害をもたらす悲劇的な障害であり、正常な物忘れとは似て非なるものなのである。

第3部　記憶力を伸ばすもの、妨げるもの

14 文脈で覚える

覚えていられるか忘れてしまうかを左右する条件は、数多くある。すでにご存知のように、記憶の形成には注意が欠かせない。年齢にかかわらず、記憶力の向上にまず必要なのは注意を払うことであり、注意力が散漫だと記憶力も低下する。これは例外なくそうだ。ほかにも、すでに本書で述べてきたとおり、反復練習《リハーサル》、自己テスト、視覚的・空間的イメージ、記憶術《ニーモニック》、驚き、感情、意味などがいずれも記憶力の向上に役立つ。それ以外に、記憶の形成や想起を助けたり、阻害したりする要素はあるのだろうか？　じつは、人間の記憶力は文脈《コンテクスト》に依存する場合が多いのである。

私はいまでは老眼鏡がないと、メニューも、洋服のタグの洗濯表示も、薬瓶のラベルも、本も読めない。先日の夜、読みさしの本の続きを読もうといそいそとベッドに入った私は、手元に老眼鏡がないことにはたと気づいた（あーあ。たぶんキッチンに置き忘れたんだわ）。私はベッドから出ると早足で階段を下り、キッチンに入って電気をつけた。あたりを見回した私は、そこで愕然とした。なぜ自分がキッチンにいるのか、さっぱりわからなかったのだ。私の脳はさっそく探偵と化した。ベッドから出てキッチンに来たのが、何かを取りに来るためだったことはわかっている。でも、何を？　私はキッチンを見渡した。冷蔵庫、トースター、ボウルに入ったバナナ、スツールの背にかけたジャケット。何も浮かんでこない。何かつまみにきたんだっけ？　違う。水が飲みたかった？　違う。思い出せない。

私はしおしおと寝室に戻ったが、部屋に入ったとたん、ピーン！（老眼鏡だ！）また階段を逆戻り。まあ少なくとも、運動になったとは言えるだろう。

なぜこの部屋に来たのか思い出せないというのは、人の名前が思い出せない、鍵やスマホをどこに置いたか思い出せないというのに続いて、私が最もよく聞かされる物忘れの愚痴だ。部屋に入ったとたん、「あれ、私どうしてここにいるんだっけ？」と困惑するという経験には、だれしも覚えがあるに違いない。

なぜこんなことが起きるのだろう？　私の例で言えば、「キッチンに老眼鏡を取りに行かなきゃ」と思ってから実際にキッチンに到着するまで、ほんの数秒しかかかっていない。この思考——この記憶——は、どうしてそれほどの短時間に脳内から消え失せたのだろう？　しかもキッチンでは何しに来たか思い出せなかったのに、直後に寝室に戻ると思い出せたのはなぜなのか？　キッチンではいくら考えても思い当たらなかった探しものが、どうして寝室では瞬時に苦もなく浮かんできたのだろう？

答えは、文脈にある。記憶再生時の文脈が記憶形成時の文脈と一致すると、非常にたやすく、早く、より完全な形で記憶を想起できる場合が多い。この現象は、展望記憶（あとでやろうと思っていること）、エピソード記憶（起きたこと）、意味記憶（知っている情報）、マッスルメモリー（物事のやり方の記憶）のいずれでも起きる。

先ほどの例で言うと、探しものに関する記憶——「キッチンに老眼鏡を取りに行かなきゃ」——は、寝室で記銘された。寝室には、就寝時間であること、ナイトテーブルに置かれた『「本当の」わたしに会いにいく』（グレノン・ドイル著、坂本あおい訳、海と月社）、本棚に並んだ本など、さまざまな手がかりに彩られた特定の文脈があった。ところがキッチンに着いたときには、探しものを思い出すヒントになるものは何もなかった。冷蔵庫、トースター、ボウルに入ったバナナ、ジャケット。探しものの記憶を引き出してくれる手がかりは一つもない（実際には老眼鏡があったのだが、私は気づかなかった）。しかも余計な手がかりがあったせいで、かえって探索は脇道にそれてしまった。私は肝心の老眼鏡に至る神経回路ではなく、朝食や季節外れの寒さに関連した神経回路へと誤って誘導された。キッチンの文脈が邪魔をし、そもそもキッチンに来た理由を思い出せなくなったのである。だが寝室に戻ったとたん、私は老眼鏡を探しに行こうと決めたときと同じ手がかりに囲まれていた。そのために、苦もなく即座に思い出せたというわけだ。

学習と想起が同じ条件のもとで行われると、だれでもより正確に記憶を思い出しやすくなる。スコットランド沿岸でダイバーを被験者として実施された、文脈依存記憶（状態依存記憶）に関する私の大好きな研究がある。無関係な単語を並べたリストを、被験者の半数は水深六メートルの海中で暗記し、残りの半数はビーチで暗記する。被験者にはその後、リストにあった単語を覚えているかぎり書き出してもらうが、思い出してもらう場所は海中の場合と、ビーチの場合がある。つまり、被験者は以下の四グループに分かれていた。

海中でリストを学習し、海中で思い出すよう指示されたグループ
海中でリストを学習し、ビーチで思い出すよう指示されたグループ
ビーチでリストを学習し、ビーチで思い出すよう指示されたグループ
ビーチでリストを学習し、海中で思い出すよう指示されたグループ

結果はどうだったか？　学習した環境とテストした環境が一致していた場合、想起の成績は有意に高かった。海中で単語を覚えたダイバーは、ビーチでテストされるよりも、海中でテストされたほうが多くの単語を思い出せた。同様に、ビーチで単語を覚えたダイバーは、ビーチでのほうが海中よりもテスト結果がよかった。想起するときの環境を学習したときの環境に一致させると、成績が向上する。逆に条件が一致しないと、想起が阻害されるのである。

私たちの大多数はダイバーではないため、もっと身近な例で考えてみよう。卒業した小学校や、幼少期に住んでいた家や地区を再訪したところ、突然その頃の詳細にわたる鮮明な記憶がよみがえってきた、という経験はないだろうか？　たとえばあなたはバーモント州の田舎の農場で育ったが、いまは五十五歳の会社役員で、マンハッタンの三十階のオフィスで勤務しているとする。仮に私が、そのオフィスで十歳のときの思い出を尋ねても、おそらくたいした話は出てこない。いまのあなたが当時の文脈から外れてしまっているために、すぐには思い出が浮かんでこないのだ。だがあなたと私とで北に向かってドライブし、故郷の町を訪れてみたらどうだろう？　きっとあなたは盛りだくさんの思い出話を語ってくれるに違いない。杭垣《くいがき》、シダレヤナギ、路傍の標識、ミセス・デイリーのお宅、赤い納屋――そうした文脈が、故郷で固定化されたものの、長らく忘れていた記憶の想起を促し、三、四十年、いや五十年ものあいだ考えもしなかった思い出をよみがえらせたのである。こうした記憶を文脈依存記憶と言う。

だがこの場合の文脈とは、記憶の形成時や想起時にいた場所のみを指すのではない。だれといたか、時刻や日付、天気なども文脈である。外部の状況のみにとどまらない。内なるもの――感情や体調が文脈となる場合もある。

そのときの気分に合致する記憶は、想起も容易だ。気分がいいと楽しかった記憶を、気が滅入っているとみじめな記憶を思い出しやすい（そして思い出すことで憂鬱な気分が続いたり、いっそう落ち込んだりする）。パートナーに腹を立てているときには、相手に関する嫌な記憶が次々に浮かんでくる。そのリストは長く、思い出すのも容易だ。一方、恋に落ちているときには、相手があらゆる意味で完璧に思える。

試験勉強の最中やプレゼンテーションの準備中に、空腹、暑さ、疲労、ストレス、のどの乾きなどを感じていた？　だとしたら、学習したときと同じ状態になったほうが、学んだ情報を思い出しやすいだろう。同様に、カフェインを摂取しながら学習した場合は、思い出そうとする際にもカフェインを摂取したほうが、学習内容の記憶がよみがえりやすい。

なぜだろうか？　スプレッドシートを覚えようとしているとき、記憶として固定化されるのはスプレッドシートだけではない。数字を頭に叩き込んでいる最中に経験するすべてが、潜在的には記憶に組み込まれるのだ。こうして文脈――外在的なものと内在的なものの双方――が記憶の一部となり、活性化されれば記憶のほかの部分を想起しうる、トリガーとなるのである。

単語テストの勉強をしているとしよう。あなたはエミネムを聴き、ラベンダーの香りのキャンドルを灯し、サワー味のクマちゃんグミを食べながら勉強している。しかも昨夜は単語の勉強をせず、午前二時までかけてドラマ『フレンズ』を数シーズン一気観したため、眠くてたまらない。いい成績をとりたいものの、まだ単語を覚えていないので心配だし、すっぱいグミを食べすぎて胃がむかむかする。この場合、単語テストでAを取る確実な方法は、寝不足になり、不安に駆られ、胸焼けを起こし、ラベンダーの香りのボディローションを使い、クマちゃんグミをつまみながら、頭の中でエミネムを歌うことだ。間違ってもたっぷり睡眠をとり、リラックスし、乾燥ケールのチップスを食べ、モーツァルトを聴きながらテストを受けてはいけない。

言語が記憶の文脈となる場合もある。あなたのおばあさんがイタリア人で、十二歳でアメリカに移住したとしよう。以来、祖母はずっと英語を使用している。だが幼少期の思い出について尋ねれば、おばあさんはおそらくイタリア語でその質問に答えるはずだ（あるいは頭の中でイタリア語で記憶を想起したあと、英語に訳してあなたに伝えるかもしれない）。

だから、部屋に入ったとたんに足が止まり、なぜそこに来たかどうしても思い出せないということがあっても、不安におののく必要はない。その物忘れは実存的危機の表れでも、アルツハイマー病の兆候でもない。かといって、そこに立ち尽くしたまま、無理やり答えを絞り出そうとするのも違う。そのやり方では、いくら頑張ったところで脳ははたらかない。代わりに、この部屋に来る前にいた場所に戻ってみよう。実際に戻るのでも、頭の中で思い描くのでもいい。「○○を取ってこなきゃ」と思ったときの場所に戻るのだ。文脈に立ち戻れば、答えはおのずと浮かんでくるに違いない。

モカフラペチーノを飲みながらテスト勉強をしたのなら、モカフラペチーノを飲みながらテストを受けよう。いつの日か、「おかげさまでAを取れました」とサイン会で報告していただけるのを楽しみにしている。

15 ストレスの影響

ダライ・ラマでもないかぎり、みなさんもおそらくは（毎日ではなくとも）日常的にかなりのストレスにさらされ、消耗していることだろう。ウイルスの世界的大流行《パンデミック》、銃乱射事件、政治の分断、解雇、大学の学費、桁外れの医療費、仕事の締切、渋滞、子育て、離婚、親の介護、孤独、健康や結婚生活を維持できるかという不安、職場、国、地球。アメリカ人の約七十九％が、毎日数回または頻繁にストレスを感じると答えている。

対処できないストレスが絶え間なく続くと、体と脳に悪影響が出ることが多くの科学的証拠によって明らかになっている。慢性ストレスは、2型糖尿病、心臓病、がん、感染症、疼痛性障害、パニック障害、不眠症、うつ病、アルツハイマー病など、数々の疾患の原因になる場合がある。慢性ストレスに抗う効果的な方法を講じることができずに、薬物やアルコールの依存症に陥り、「絶望死」（自殺および依存症による死）する人が後を絶たない。ストレス自体が直接の死因ではないが、過度のストレスにさらされると、死に至る多くの原因が作り出されてしまうのである。

だが記憶力に関してはどうだろう？　ストレスは記憶力にとっていいのか、悪いのか？　文脈に関してもそうだったが、時と場合による、というのが答えだ。

ストレスと聞けば、だれもが危険で有害な解決すべき問題だと考える。だがかつては——たとえば百万年ほど前には——ストレスは主に外在的な脅威だった。いましも肉食動物や敵に襲われそうだと気づくと、太古の人間は脳と体でただちにストレス反応を活性化させ、すばやく対応できる態勢を整えたのである。

だがその後、時代は劇的に変わった。いま本書を読んでいる現代のみなさんは、おそらくは（そして願わくは）、生きるか死ぬかの瀬戸際にはいないはずだ。ふかふかのソファに腰を沈ませ、膝には柔らかな毛布がゆったりとかかっているのではないだろうか？　周囲には物理的に身の安全を脅かすものは一つもないだろう。

だがこんなときも、みなさんの頭に宿る思考は心身を危険にさらしているかもしれない。思い出し、想像し、反芻《はんすう》し、気に病むことが可能なために、心の中では命からがら逃げている最中かもしれないのだ。ときには確実性、コントロール感、予測可能性、社会的支援、帰属意識などが十分でないと感じるだけで、心理的ストレスが生じる場合がある。認識あるいは予測したストレス要因《ストレッサー》が実際には起きなかった場合でも、想像するだけで、脳と体はすでにストレス反応を経験している。ストレスを味わうことにかけては、想像もまた、飢えたライオンや、リビングで鉢合わせた武装した犯罪者と変わらぬ、リアルな脅威なのである。

交感神経系で起きるこうした急性ストレス反応を、「闘争・逃走反応」と言う。脅威を感じる困難な状況を感じ取ると、扁桃体がただちに視床下部に警告のシグナルを送る。視床下部が神経伝達物質を通じてそのシグナルを下垂体に伝達すると、下垂体から血流にホルモンが分泌される。すると血中のホルモンが腎臓の上にある副腎にはたらきかけ、ストレスホルモンを分泌せよという指令を出すのである。

副腎から分泌されるストレスホルモンの代表格二つが、アドレナリンとコルチゾールだ。アドレナリンは即効性はあるが短命の非常警報装置で、すばやい行動をとれるよう、脳と体を総動員するはたらきがある。アドレナリンは心拍数を上げ、呼吸数を増加させ、血圧を上げ、細胞の増殖や消化といった緊急性のないすべての活動から血流とエネルギーを引き上げ（あと五分で殺されるというときに食べ物を消化しても意味はない）、手足に血流とエネルギーを送り込む（「走れ！　戦え！」）。五感を鋭敏にし、集中力を高める一方、考える能力は抑制する。

メリットとデメリットをじっくり比較検討したりはせず、ただちに反応するためだ。

コルチゾールは、アドレナリンよりはやや足が遅い。アドレナリンがものの数秒で現場に到着するのに対し、コルチゾールが最も分泌されるのは、ストレッサーが現れてから十五分ないし一時間経った頃である。コルチゾールは、ストレスのかかった状況に体が反応できるよう、エネルギー源となるグルコース（ブドウ糖）の生成量を増やすはたらきをする。重要なのは、コルチゾールはストレス反応全体を終わらせるはたらきもすることだ。

ストレス反応は本来一時的なもので、すばやく発動されてすばやく停止する、生存に適応した生理的状態である。差し迫った脅威や困難に対応するため、脳と体を総動員する機能だ。これは決して悪い仕組みではない。それどころか、通常の日常生活を大過なく送るためには、ストレス反応が欠かせないのだ。今日会社でプレゼンテーションを行えるのも、前方の車が急停止したときにブレーキを踏めるのも、朝ベッドからしぶしぶ起き上がることができるのも、みなストレス反応のおかげである。

では急性ストレスを引き起こすストレッサーは、記憶にどのような影響を及ぼすのだろうか？　手短に言えば、いま経験しているストレスの多い状況に関する新たな記憶の形成は促進されるが、すでに形成された記憶を想起する能力は阻害される。だが一概にそうとは言いきれない場合もあるため、もう少し詳しく見ていこう。

一般的に言えば、急性ストレスは新しい記憶の形成を促進する。理由としては第一に、ストレスが突発的に高まると注意力が増大するが、すでにみなさんもご存知のとおり、記憶の形成には注意を払うことが欠かせないからだ。第二に、アドレナリンとコルチゾールは脳と体を総動員してすばやい行動に備えるが、それだけではなく、扁桃体でノルアドレナリンと呼ばれる神経伝達物質の分泌を活性化する。これにより、扁桃体から海馬にシグナルが送られる。言ってみれば、以下のようなメッセージが伝えられるのだ。「おい、海馬、いま起きているストレスのかかる出来事はとんでもなく重要だぞ。固定化しろ！　記憶を作れ！」。場合によってはコルチゾールが海馬にある受容体に直接はたらきかけ、記憶の固定化を促進することもある。

つまり、ストレスのかかる出来事が一つだけの場合は、ストレスは記憶の形成を促進すると言える。ある実験でコルチゾールを投与された直後にストレスのかかる写真を見せられた被験者は、その後の記憶テストで、投与されない被験者に比べて写真をよく覚えていた。また、副腎がない人は、副腎がある人に比べ、ストレスを感じている最中の出来事や情報を覚えづらいようだ。

だが急性ストレスにさらされると新しい記憶の形成が促進されるとは言っても、あらゆることを鮮明に覚えておけるようになるわけではない。闘争・逃走反応が起きているあいだは、五感と注意力が鋭敏にはなるものの、注意の対象が狭まるため、記憶の固定化の際に入手できるディテールも減る。したがって、ストレスのかかる状況の主軸をなす情報の記憶は強化される一方で、周辺的な細かい情報の記憶はかえって曖昧になるのだ。たとえば武装銀行強盗を目撃したとする（きわめてストレスの大きな出来事だ）。あとで思い返してみると、あなたはおそらく銃（ストレスの中心的な源）については細部まで鮮明に覚えているだろうが、銀行内に何人の人がいたか、出納係がどんな外見だったかについては曖昧な記憶しかないだろう。

それだけではない。急性ストレスは、ストレスのかかる経験の中心的な情報の記憶形成は促すが、ニュートラルな（つまり、ストレスのかからない）情報の記憶形成は促進しないのだ。ある実験で、アドレナリンの注射後にニュートラルな写真を見せられた被験者は、生理食塩水を注射された対照群の被験者と同程度の記憶しか形成していなかった。また、ストレスによって、ストレッサーと無関係な記憶の形成が強化されることもない。あなたが大学生で、翌朝の物理のテストに向けて勉強している最中だとする。覚えなければならない複雑な情報が山ほどあり、残り時間は刻々と減っていき、しかもAを取りたい。こうした急性ストレスのすべてが、覚えようとしている情報の固定化には役立つ。だが、仮に勉強中にルームメイトが乱入し、アイスランド旅行の顚末を話して聞かせたとしても、ストレスがいっそう高まったことで、いま聞いた旅行譚の記憶形成能力が向上するということはない。ルームメイトのアイスランド話は、物理のテストにまつわるストレスとは無関係だからだ。

経験している急性ストレスの程度も関わってくる。自覚されたストレスと記憶形成の関係をグラフに表すと、山なりの曲線になる。物理のテストのストレスが小さすぎると、扁桃体を活性化して、海馬での記憶の固定化を強化することができない。だがストレスが大きすぎても、精神的に打ちのめされてしまい、注意を払ったり情報を処理したりするどころではなくなる。ストレスのかかる状況に関連した記憶を形成するには、急性ストレスの最適なレベルというものがあるのだ。このレベルは人によって異なり、急性ストレスに対する耐性がかなりある人もいれば、プレッシャーに弱い人もいる。

一時的なストレスで新たな記憶の形成が促進される一方で、ストレスによって、すでに蓄えられた記憶を想起する能力が阻害される場合もある。期末試験の勉強を終えたばかりだとしよう。試験範囲は完璧に覚えた。絶対にAを取れるという自信もある。だが教室に向かう途中で、あなたはにわかに不安になってくる。心臓が早鐘を打ち、手にはじっとりと汗がにじみ、胃がきりきりと痛みだす。試験問題の第一問目を読んだとたん、頭が真っ白になる。確かに答えを知っているはずなのに、思い出せないのだ。そして答えが出てこないことで、さらにストレスは倍加していく。

多くの研究が、ストレスによって記憶の想起が阻害されることを裏付けている。たとえばコルチゾールを投与された被験者は、生理食塩水を投与された被験者に比べ、学習済みの情報を想起するのが難しかった。コルチゾールの分泌を抑制した場合には、既存の記憶を平常どおり想起することができた。

つまり、一時的で適度なストレスは記憶の形成を促進するが、想起は阻害するということだ。だが、私たちの大半がそうであるように、日常的に絶えずストレスを抱えている場合はどうなるのだろう？　慢性ストレスが記憶力をよくすることはあるのだろうか？　答えはノーだ。それどころか、間断なく続くストレスは、記憶にとって百害あって一利なしなのである。

何が起きるのか見てみよう。横暴な上司、暴力を振るうパートナー、病気の子どもなど、どうしても解消されないストレスの原因があるとする。あるいは、自動車事故に遭って腕を骨折し、さらには仕事をクビになり、請求書の支払いができない――というように、異なるストレッサーに立て続けに襲われるのでもいい。闘争・逃走反応が何度も引き起こされると、そのたびにコルチゾールが分泌される。だがあまりに回数が重なると、ストレス反応を終わらせる遮断バルブのはたらきをするはずの視床下部が、多量のコルチゾールに鈍麻し、反応しなくなる。その結果、ストレス反応がつねにオンになった状態が続いてしまう。こうなると、もはや脳と体は、戦うか逃げるかの極限状態を保ったまま走り続ける暴走列車と化す。

これは記憶にとってもよくない。慢性ストレスのせいで頻繁に扁桃体に警告シグナルが出されると、脳の思考する部位ではなく、原始的で情動を司る部位に多大な時間やエネルギーが費やされることになる。ストレスで前頭前野のはたらきが抑制され、考える能力が阻害されるのだ。行為のメリットやデメリットを考える間もなく即座に反応する機能は、いますぐライオンから逃げなければならない場合にはいいだろう。だが慢性的なストレスにさらされていると、やがては明晰に考えることが困難になってくる。

さらに懸念すべきことに、つねにストレスを抱えていると、海馬のニューロンが徐々に失われていく事態に陥る。みなさんのなかには、成人のニューロンは一度失われると二度ともとに戻らない、つまり成人の脳細胞は再生しないという説を耳にされた方がいらっしゃるかもしれない。この定説は、一九九〇年代に覆っている。ニューロン新生（新たなニューロンが生み出されること）は脳の多くの領域で一生を通じて起こり、とくに海馬で顕著に見られる。ただし、つねにコルチゾール風呂に浸かった海馬だけは別だ。慢性ストレスは海馬でのニューロン新生を抑制するのである。対処不能なストレスを絶え間なく経験していると、やがて海馬は萎縮する。記憶を固定化できるニューロンの数が減り、新たな記憶を形成する能力も阻害されるのだ。

しかも、ストレスやコルチゾールに継続的にさらされた海馬のニューロンは、脳卒中やアルツハイマー病などの疾患に対しても脆弱になる。三十八歳から六十歳までの女性千四百六十二人の自覚ストレスレベルを三十五年間追跡した研究によると、慢性ストレスがあると報告した女性はアルツハイマー病の発症リスクが約六十五％も高かった。別の研究によれば、慢性ストレスを抱えた人は、ストレスがあまりない人に比べ、アルツハイマー病になる確率が二倍高かった。また五年以上慢性ストレスを抱えていた人は、認知機能障害を発症する割合が十倍も高かったという。

慢性ストレスが記憶に悪影響を及ぼすことはわかった。とはいえ、現代の生活にストレスはつきものである。世界の政治の動向や天候、次のパンデミックをコントロールすることは不可能だ。とげとげしい上司や迫りくる締切、終わりの見えない渋滞をなくすこともできない。朝家を出てから夜寝るまでのあいだに起きるストレスを、ことごとく予防するなど無理だろう。では、どうすればいい？　効力の失せたコルチゾールのスープに煮立てられて萎縮した海馬を抱えたまま、つねに不安に苛まれ、手汗をかいて生きるしかないのか？　慢性的なストレスに疲れきり、たったいま読んだ本の内容も思い出せない状態だというのに？

日常生活からストレスを取り除くことは難しいかもしれないが、ストレスのかかる状況に置かれたとき、脳と体の反応を劇的に変えることは可能だ。ヨガ、瞑想、健康的な食事、運動、マインドフルネスの実践、感謝の念、思いやりの心などによって、過剰なストレス反応を起こさないよう自らを訓練することができる。ストレス反応の暴走列車にブレーキをかけ、不安に蝕まれそうな心を健やかに保つことが可能になるのだ。これらのアプローチはどれも、慢性的な高血圧、炎症、不安、自覚ストレスを軽減すると立証されている。また、コルチゾールの分泌量を正常に戻す作用もある。こうした慢性ストレス対策を行えば、海馬のニューロン新生が活発になり、記憶力の向上も見込めるかもしれない。一日三十分の瞑想を八週間行った人の海馬は、瞑想の習慣を始める前と比べて大きくなったという報告もある。瞑想を行わなかった同年齢の人の海馬では、大きさに変化は見られなかった。定期的に運動する人の海馬にも、同様の変化が見られるという。

日常的に出合うストレッサーを次々に数え上げていけば、きっとそのなかに「物忘れ」も挙がることだろう。人の名前が思い出せないとき、クリーニングに出した服を引き取り忘れたとき、スマホをどこに置いたか思い出せないとき、みなさんもイライラしたり、不安になったり、くよくよしたりするのではないだろうか？　こうした日々の物忘れでストレスを感じることが頻繁にあるという方もいるかもしれない。

だが急性ストレスが記憶を阻害しうること、また慢性ストレスが実際に海馬を萎縮させることをご存知のいまは、物忘れを気に病むこと自体が自己成就的予言になりうることがおわかりだろう。それだから、どうかご一緒に、さあ、深呼吸しよう。今度有名なサーファーの名が思い出せなかったり、スーパーで牛乳を買い忘れたりしても、これは正常な物忘れの一つだという事実を思い出し、できることならリラックスしてほしい。物忘れはだれにでも起きる。くよくよしても、さらに物忘れの回数が増えるだけだ。

16 睡眠をとろう

もし明日、記憶力を高め、アルツハイマー病のリスクを大幅に低下させる薬が製薬大手から発売されたら、みなさんは服用されるだろうか？　その薬に、いくらまでなら出す？　じつを言うと、その薬はもうみなさんの手元にあるのだ。

その名を、睡眠という。

子どもの頃、友だちと、もし自分がスーパーヒーローだったらという夢想にふけったことがある。しょっちゅう挙がる超人的能力は、空を飛ぶこと、透明になれること、タイムトラベルの能力。どれも捨てがたかったが、私がいつも夢見ていたスーパーパワーは、まったく眠らなくても大丈夫な能力だった。

いまでもその力があったらと思う。眠らなくてもよかったら、どれだけの本を読み、書き、どれだけの言語を習得できただろう。無意識に陥るあの膨大な無駄な時間さえ必要なかったら、どんなことだって成し遂げられたかもしれないのに！

睡眠時間を八時間と仮定すると（それほどたっぷり眠れている人がごく一部であることは無論承知のうえだが）、人間は人生の三分の一を眠っていることになる。幸運にも八十五歳まで生きられたとすると、睡眠時間は二十四万八千二百時間。なんと、二十八年間に相当する年月である。あなたが五十歳なら、すでに十六年間を睡眠に費やした計算だ。本も読まず、はたらかず、考えず、ほかの人と交わらず、遊ばず、愛さない時間が十六年間あったわけである。同様にほかの動物も、眠っているあいだは、狩りも食事も交尾もグルーミングも行わない。なぜヒトをはじめとする動物は、何もしない状態にこれほどの長時間を割くよう進化したのだろうか？

答えは、その問い自体に潜んでいる。睡眠は、何もしない状態を選び取った結果ではない。それは受動的なものでも、まっさらな無意識の状態でも、いやいや過ごすみじめな休憩時間でも、嘆かわしい時間の無駄でも、単に覚醒していない状態ですらない。睡眠は、健康を保ち、生き残り、最高の機能を発揮するためには欠かせない、生物学的には忙しい状態である。睡眠不足になると、心臓病、がん、感染症、精神疾患、アルツハイマー病、記憶障害を発症するリスクが高まる。

明らかにスーパーパワーと言えるはたらきをしているもの、それが睡眠なのである。記憶に関しても、睡眠はさまざまな面で重要な役割を果たしている。まず、注意を払うためには睡眠が欠かせない。十分な睡眠をとらないと、翌朝デスクワークに向かう前頭葉の足取りは重く、集中力が散漫になる。もうご存知のとおり、記憶形成の第一歩は、覚えておきたい対象に気づくことだ。そして対象に気づくためには、知覚し、注意を払わなければならない。新たな記憶の記銘に必要な注意を払うためには、十分な睡眠によって、前頭葉のニューロンに油断なく、活発で、はたらく気満々の状態になってもらわねばならないのである。

だが睡眠は、注意力の向上など霞んでしまうほど重要な影響も、記憶に及ぼしている。新たに記銘された記憶の「保存」ボタンを押しているのは、睡眠なのだ。記憶は、睡眠中に二つの段階を踏んで保存される。まず、起きているあいだに経験したり学習したり、あるいは反復練習したりした際に生じた固有の神経活動パターンが、睡眠中に再活性化される。この神経活動の再現《リプレイ》によってニューロンの結合が助けられ、情報を一つの記憶にまとめる固定化が促進されると考えられているのだ。それどころか、睡眠中の固定化プロセスで起きた神経活動の再現の量は、目覚めたあとに思い出せる記憶の量と相関するのである。

新たな記憶の固定化は睡眠によって促進され、睡眠不足によって阻害される。前夜ろくに眠れなかった日は、おそらく逆行性健忘の一種を経験することになるだろう。前日の記憶の一部が不明瞭になったり、不正確になったり、ときには思い出せなくなったりするのである。睡眠をとった場合と、同時間起きていた場合の記憶の想起を比べると、眠ったあとのほうが、単語リスト、対連合学習《ついれんごう》（二個の項目を対として覚える学習法）、パターン、教科書の情報、前日起きたことのいずれにおいても、二十％から四十％想起成績が向上することがわかっている。眠ることで、その日作られた意味記憶とエピソード記憶を、翌日鮮明に思い出せるようになるのだ。この想起能力の向上をもたらすには、単に時間が経過するだけでは十分ではなく、眠ることが必要となる。

記憶能力が向上するのは、エピソード記憶と意味記憶だけではない。睡眠によって、マッスルメモリーも最適化されるのである。ご存知のとおり、スキルの学習には反復練習が役立つ。「練習が完璧を作る」という言い回しのとおりだ。だがここに睡眠を加えると、どうなるのだろう？

マッスルメモリーを使った課題の学習に、睡眠がどう影響するかを調べた研究がある。被験者は三十秒のあいだ、利き手ではないほうの手を使い、できるかぎり速くかつ正確に、キーボードのテンキーの数字四つを「4-1-3-2-4」という決まった順番で入力するよう指示された。十二回練習すると、被験者のパフォーマンスは平均約四％向上した。

さらに十二時間後、被験者全員に再び同じ課題をやってもらったが、半数の被験者はその間ずっと起きており、残りの半数はそのうち八時間を睡眠に充てた。すると起きていた被験者のスピードと正確性に向上は見られなかったのに対し、眠った被験者はスピードが二十％、正確性が三十五％向上した。マッスルメモリーに基づくスキルがここまで上達したのは、練習を積んだからでも、単に時間が経過したためでもない。眠ったおかげだったのである！

どうやら睡眠は、あらゆるマッスルメモリースキルにとって有益なようだ。意識的で意図的なばらばらの作業手順を、自動化されたなめらかなマッスルメモリーへと統合して固定化するには、睡眠が不可欠らしいのである。眠ることで、スキルの習得が促進される。楽譜の音符を一つ一つ読み、指の置き場所をいちいち考えなくても、マッスルメモリーでピアノが弾けるようになる。追加練習をしなくても、眠ることで学習中のスキルが上達するのだ。練習は完璧を作るが、そのためには一晩眠らなくてはならない。

昼寝にも効能がある。先ほどと同じ「4－1－3－2－4」の入力課題を用いて、昼寝をしたあとでも一晩眠ったときと同じようにマッスルメモリーが向上するかを調べる実験が行われた。課題をこなしたあと、半数の被験者は六十分から九十分間の昼寝をした。残りの半数はずっと起きていた。すると、昼寝をした被験者のパフォーマンスは昼寝前より十六％向上した。昼寝をしなかった被験者のパフォーマンスには変化は見られなかった。

その後、被験者には一晩たっぷり寝てもらい、翌日、全員を対象として再テストを行った。前日に昼寝をしたグループの入力課題の成績はさらに伸び、十六％だった向上率は二十三％となった。前日昼寝をしなかったグループもパフォーマンスが向上し、向上率は〇％から二十四％へと伸びた。つまり昼寝組に追いついたわけだ。昼寝をすると同日中のパフォーマンスは向上するが、一晩たっぷりの睡眠で得られる伸び率にはかなわないのである。

朝、昼、夜と時間が経過するに従い、新しい情報を学習する人間の能力は次第に落ちていくことが、多くの研究によって裏付けられている。ただし、昼寝をすれば話は別だ。だが、なぜ昼寝をすると新規の情報を記憶する能力が向上するのだろうか？　はっきりしたことはわかっていないが、大半の専門家が同意する仮説がある。無限に記憶を貯蔵できる大脳皮質とは異なり、海馬には保持できる記憶容量に限りがある。たとえば翌日の試験に備えて勉強しており、大量の情報を暗記しなければならない状況だとしよう。だが仮に、海馬の容量を使い切ってしまったとしたら？　昼寝によって、最近作られたばかりの記憶のうちいくつかだけでも固定化し、大脳皮質に送ることができれば、新たな学習内容の固定化に必要な海馬のスペースが空くかもしれない。

このように昼寝は、すでに学習済みの情報の保持を助けるだけでなく、どうやら今後の学習に必要な海馬の空きスペースの確保にも役立つらしいのだ。では、どれくらいの長さの昼寝が必要なのか？　日中に寝すぎるとかえって頭がぼうっとしてしまうことがよくあるが、こうした睡眠慣性によるだるさを回避しつつ記憶力の向上を図るには、二十分の昼寝で十分だとされている。

かつては昼寝を馬鹿にしていた作家のダニエル・ピンクは、いまでは昼寝信者である。ピンクは昼寝《ナップ》とカプチーノを組み合わせ、「ナップチーノ」という面白い造語まで作った。コーヒーを一杯飲んでから、二十分の昼寝をするのだ。目覚めたときには、新たに作られた記憶の多くは固定化され、安定して保持される長期記憶へと変えられている。おかげで満杯だった海馬には空きができ、次に記憶したいことを覚えるスペースが生まれている。しかもカフェインが血流に吸収されるまでには二十五分ほどかかるため、目覚めたときには効き始めたカフェインのおかげで前頭葉のニューロンが活性化され、周囲に注意を払うことができるというわけだ。最高の仮眠である。

睡眠が記憶に欠かせないスーパーパワーだということにまだ納得がいっていない方は、ご用心あれ。ここからが本番だ。近年、睡眠がアルツハイマー病のリスク軽減に不可欠であることを示す証拠が、続々と集まってきている。すでに見たように、大半の神経学者は、アミロイドプラークの蓄積でアルツハイマー病が発症すると考えている。アミロイドは通常、脳の清掃員であるグリア細胞によって除去され、代謝される。グリア細胞は集団で、脳内の下水道・公衆衛生局を構成しているのだ。深い眠りに入ると、覚醒時にシナプスに蓄積された代謝のごみをグリア細胞が排出してくれる。深い睡眠はいわば、脳内のスーパーデトックスだ。夜眠っているあいだに排出される老廃物のうち最も主要なものの一つが、アミロイドである。

だが、深い睡眠を十分にとらない生活をしているとどうなるのだろう？　グリア細胞が脳内の清掃を終えられず、前日シナプスに蓄積したアミロイドが残存したまま、朝の目覚めを迎えることになる。二日酔いのように、アミロイドが残ってしまうのだ。

たった一日の睡眠不足によって、脳脊髄液中のアミロイドとタウタンパク質（アミロイドと並んでアルツハイマー病の病状を示す目安となる、生物学的指標《バイオマーカー》）が増加する場合もある。睡眠不足が続けば、日増しにアミロイドの蓄積量が増え、刻一刻と恐ろしい転換点が近づき——やがてはアルツハイマー病と診断される日がやってくるかもしれない。

研究結果により、アミロイドの蓄積は睡眠を阻害することがわかっている。それによってさらにアミロイドが蓄積され、プラーク形成が加速されるという、底なしの悪循環から抜け出せなくなるのだ。こうした情報が示唆するところは何か？　睡眠不足はおそらく、アルツハイマー病の発症における重要な危険因子なのである。

だが、どれくらいの睡眠をとれば十分と言えるのか？　成人のヒトは、一晩に七時間ないし九時間の睡眠を必要とするよう進化しており、それより少ない睡眠は、心血管系、免疫系、メンタルヘルス、記憶などの機能を損なう。どうかこの点をもう一度強調させていただきたい。みなさんの多くはおそらくいまの一文をさらっと読み過ごしたか、一晩五、六時間の睡眠で大丈夫だろうと考えているか、単純に私の言うことを信じてくれないだろうからだ。睡眠科学《スリープサイエンス》は、睡眠と健康の関連について揺るぎないデータを示している。人体は睡眠というプロセスによって、毎晩、心臓病と、がんと、感染症と、精神疾患と必死に戦い、これらを撃退しているのである。脳を含む体内のあらゆる器官の生命力は十分な睡眠によって向上するが、睡眠が足りないと、健康と記憶力は大幅に低下する。一晩の睡眠時間が七時間ないし九時間に満たない場合には、健康に深刻な懸念が生じる。いつ重病を発症してもおかしくないうえ、健康被害のリスクが生涯続くことになるのだ。睡眠は偉大なスーパーパワーだが、不足すれば諸刃の剣ともなる。

たっぷり寝ることにかけては、昔の人はお手の物だった。一九四二年のギャラップ調査によると、当時の成人のアメリカ人は一晩平均七・九時間の睡眠をとっていた。だが時代は変わった。今日ではほとんどの文化で、危険なほど睡眠を軽んじる態度が幅を利かせている。現代の私たちは、絶えず忙しさに追われ、夢や欲望を実現するプレッシャーにあえぎ、天井知らずの不安に駆られている。スマホやPCの画面を見続け、深夜に『マーベラス・ミセス・メイゼル』のシーズン2を一気観することもある私たちの睡眠時間は、かつてに比べて激減している。

今日、アメリカ、イギリス、および日本の成人は、一晩平均六・五時間の睡眠しかとっていない。

現代人は睡眠不足に陥っていながら、寝不足なことを自慢しがちだ。だが一晩の睡眠時間が七時間未満のライフスタイルを称揚するのは、根拠のない大ぼらを吹いているのと同じである。人間に必要な睡眠時間については、睡眠の専門家の見解は一致している。人間には一晩七時間ないし九時間の睡眠が必要なのだ。これより少ない睡眠時間は、いずれも健康や記憶力に有害である。

まとめよう。七時間から九時間の睡眠をとらないと、以下のような事態が起きる。

- 翌日は前頭葉のニューロンが不活発になり、注意力が落ち、覚えておきたい新たな記憶が正しく記銘されない。
- 前日に学習したり経験したことの記憶が欠落し、鮮明でなくなる。
- 前日レッスンを受け、十八ホール回ったにもかかわらず、ゴルフのスイングがうまくならない。
- 翌日は早々に記憶容量が満杯になり、新たなことが学習できなくなる可能性がある。
- アルツハイマー病の発症リスクが高まるおそれがある。

おやすみなさい。よい夢を……。

17 アルツハイマー病を予防するには

アルツハイマー病最大の発症リスクは、加齢である。アルツハイマー病が原因の記憶障害は六十五歳未満では稀だが、それ以降の年齢では急激に多くなる。アメリカでは六十五歳以上の十人に一人がアルツハイマー病患者だ。八十五歳以上では三人に一人が患者だが、その数は急速に半数に近づいている。二人に一人が患者となるのだ。

だが加齢は対処のしようがない。長生きによってアルツハイマー病が原因の記憶障害に苦しむのは、人間の脳に課せられた宿命なのか？　大半の人にとっては違う。アルツハイマー病は正常な加齢の一環ではない。純粋に遺伝だけが原因の家族性アルツハイマー病を発症するのは、患者の二%にすぎない。アルツハイマー病の九十八%は、遺伝と生活習慣が組み合わさって起きる。遺伝因子はいかんともしがたいが、生活習慣によってアミロイドプラークの蓄積を劇的に減らせることは、すでに科学が明白に証明している。つまりがんや心臓病と同じように、アルツハイマー病の予防のためにできることがあるのである。アルツハイマー病はある日突然発病する疾患ではない。アミロイドプラークが蓄積し、症状が現れるまでには十五年から二十年の歳月がかかる。ということはつまり、私たちには予防の方策を実施する時間がたっぷりあるということだ。

まずは、食事と飲み物から見直してみよう。複数の研究で明らかになったところによれば、地中海食やＭＩＮＤ食（地中海食とＤＡＳＨ食［高血圧を防ぐ食事法］を組み合わせた食事法）の食材を食べている人は、アルツハイマー病の発症リスクが三分の一ないし二分の一も低かったという。これらの研究結果は重大である。もし「アルツハイマー病の発症リスクを五十％も低下させる新薬をアメリカ食品医薬品局が認可した」と知ったら、みなさんはその薬を服用されるだろうか？　きっと服用されることと思う。地中海食とＭＩＮＤ食に共通する食材は、葉物野菜、明るい色のベリー類、ナッツ、オリーブオイル、全粒穀物、豆類、魚である（魚は、人間の体内では生成できないオメガ３脂肪酸が豊富に含まれるものがよい）。

もう何年も前から、期待を込めたウインクやうなずきとともに、「アルツハイマー病の予防には赤ワインがいいんでしょう？」と聞いてくる方がいる。そのたびに私は質問者を落胆させせてきた。質問の答えはノーである。赤ワインがアルツハイマー病やほかの認知症の発症リスクを低減するという説を裏付ける説得力のあるデータは、いまだ存在しない。予防に有効だと主張する研究にはいずれも不備があり、有意味な結論を導き出せないものばかりだ。にもかかわらず、悲しむべきことに、これらの研究をもとに誤解を生むような記事が書かれ、アルツハイマー病予防には一日二杯の赤ワインがよいなどといった、飲酒を推奨する都市伝説が生まれている。だがそうした主張を裏付ける科学的証拠は一つもない。

もし仮にレスベラトロール（赤ワインに含まれるポリフェノールの一種で、記憶力を守るはたらきがあると喧伝されている）とマウスの脳の機能を調べた研究において、レベラトロールの摂取によってアミロイドの除去と認知機能の向上が見られたとしても（しかも、そんな実験結果は出ていない）、マウスの摂取量に相当するレスベラトロールを私たちが摂取するためには、一日二十杯もの赤ワインを飲まねばならないだろう。誤解のないように言っておくが、分量を問わず、赤ワインを飲むことでアルツハイマー病の発症リスクが低減することを示す研究は一つもない。それどころか、どのような種類であっても、アルコールを摂取すると睡眠の質と量が低下し、アルツハイマー病のリスクが増大する可能性のほうが高い。

チョコレートはどうだろうか？　チョコレートの摂取によって注意力が向上することは実証されている（カフェインを含有するためだ）。注意力が記憶の形成に不可欠な要素であることも、すでに説明したとおりだ。こう聞くと、いかにも期待が持てそうである。だが現在までのところ、チョコレートでアルツハイマー病の発症リスクが減ることを示す説得力のある証拠は得られていない。残念ながら、そうなのだ。赤ワインの場合と同様、チョコレートとアルツハイマー病に関するこれまでの研究は、有意味な結論を得るには実験デザインが粗雑すぎるものばかりなのである。とはいえ、チョコレート（とくにダークチョコレート）に含まれる抗酸化物質には、アルツハイマー病における細胞死の原因となる、脳内の炎症を減らすはたらきがあるのではないかという仮説が立てられている。したがって理論上は、抗酸化作用のあるほかの食材やスパイスと同様に、チョコレートも、フリーラジカル（不対電子を持つ不安定な分子や原子。活性酸素の一部が該当）や炎症が引き起こすダメージから、脳を守っているのかもしれない。だが、それを裏付けるデータはいまのところまだない。

コーヒーはどうだろう？　ある長期縦断疫学研究（同じ被験者を長期にわたって観察し、病気や老化を調べる研究）によれば、中年期に一日三杯から五杯のコーヒーを飲む習慣があると、アルツハイマー病の発症リスクが六十五％減少するという。だがこの結果をもたらしたのが、コーヒーに含まれるカフェインか、抗酸化物質か、インスリン抵抗性への影響があったせいか、血液脳関門に変化が生じたせいなのか、あるいはそれ以外の原因なのかはわかっていない。紅茶や緑茶などのお茶に同じ効用があるのかも不明だ。より深い理解のためにはさらなる研究が待たれるが、いまのところ、アルツハイマー病予防策のリストにコーヒーも付け加えてよさそうだ。ただし、最後のラテを飲む時間帯には気をつけよう。コーヒーにあるかもしれない効能が、寝不足によって打ち消されてしまっては元も子もない。

ビタミンDが不足している人のアルツハイマー病発症率は、ビタミンD値が正常な人の二倍に上る。したがって、ビタミンD不足の人は、サプリメントを摂り、日光を浴びることをおすすめする。ビタミンB12欠乏症もアルツハイマー病とよく似た認知症の症状を引き起こすが、この記憶障害はじつはアルツハイマー病とは原因から異なっている。うれしいのは、ビタミンB12サプリメントの摂取や注射によって、欠乏症が原因の認知症症状は改善される点である。なお、アルツハイマー病が原因の記憶障害にココナッツオイルが効くとの風説が流布しているが、実際にはそのような証拠はない。同様に、イチョウ葉エキスも認知症の発症リスクを低減してはくれない。

大雑把に言って、心臓にいいものは脳にもよく、アルツハイマー病の予防にも効果的である。もしみなさんがすでに心臓の健康に気を配っているのなら、それは脳にとってもいい知らせだ。高血圧、肥満、糖尿病、喫煙、高コレステロールは、いずれもアルツハイマー病の発症リスクを高める。複数の病理解剖研究によると、アルツハイマー病患者のうち、なんと八十％もの患者が心血管疾患を合併していたという。高密度リポタンパク質（HDL、いわゆる善玉コレステロール）値が高い人は、ＨＤＬ値が低い人に比べ、アルツハイマー病の発症リスクが六十％も低かった。七十五歳以上の高齢者においては、スタチン（悪玉コレステロールを低下させる薬剤）が、アルツハイマー病の発症を遅らせることが裏付けられている。

アルツハイマー病の発症に睡眠が関わっている可能性があることはすでに触れたが、睡眠の与える甚大な影響についてはここで再度強調しておきたい。慢性的な睡眠不足は、アルツハイマー病の重要な危険因子である。この結論を知ったときにはぞっとしたが（夜ふかししたり、早朝に目が覚めたり、夜通し授乳したりする生活を何十年も続けていたからだ）、同時に力づけられもした。いまからでも予防が可能だからである。まだアルツハイマー病を発症していないのなら、それはアミロイドプラークの値《レベル》が転換点に達していないことを意味する。これまでの人生でどれほど睡眠不足だったかをいまさら嘆いても仕方がない。今夜から十分な睡眠をとることで、みなさんも脳内のアミロイドの蓄積と日々闘うことができる。

アルツハイマー病の発症リスクを下げる対策を一つだけとりたいなら、運動することだ。ヒトを対象とした多くの研究において、有酸素運動は認知症の発症リスクを有意に低減させており、動物モデルではアミロイド値《レベル》の低下が見られている。運動をすると、睡眠が改善される（寝つきまでの時間が減り、睡眠の質が向上し、夜中に目が覚める回数が減る）。そして先に述べたとおり、睡眠は正常な記憶機能を向上させ、アルツハイマー病のリスクを減らす。毎日早歩きをするだけで、アルツハイマー病の発症リスクが四十％低減したとする研究結果もある。これは軽視できない影響力である。運動は効くのだ。

体を動かしたり頭を使ったりすると、海馬で新たなニューロンの成長が促進されることがわかっている。前述したように、海馬は記憶の形成に不可欠な部位であり、アルツハイマー病で最初に損なわれる領域でもある。運動し、知的な刺激を受けることで、アルツハイマー病と闘い、損なわれたニューロンを新たなニューロンに置き換えることができるかもしれない。反対に、長時間座ったままで認知活動を行わない状態は、脳の萎縮と相関することが判明している。アルツハイマー病のリスク増加と関連付けられているアポリポタンパクＥ４遺伝子（*APOE4*）を一つ持っている高齢者は、座ってばかりの生活をしている場合には、一年半で海馬の大きさが三％減少した。この遺伝子を保有していても、運動をする高齢者には海馬の萎縮は見られなかった。座り続けていると、それだけ海馬は萎縮する。そして萎縮した脳は、大きな脳より記憶力で劣る傾向がある。

アルツハイマー病による記憶障害の予防策として最後におすすめなのが、新しく何かを学ぶことだ。アルツハイマー病の症状は、最終的にはシナプスの損失で生じる。平均的な脳には百兆個以上のシナプスがある。これだけ多くのシナプスがあるというのは、喜ばしいニュースだ。しかもこの数は固定されているわけではない。神経には可塑性があるために、人はつねにシナプスを得たり、失ったりしているのだ。新しいことを学ぶたびに、新たな神経回路、新たなシナプスを作り出し、強化しているのである。

では、なぜ新しいことを学ぶのがアルツハイマー病の予防にいいのだろうか？　研究開始時点で七十五歳以上の修道女六百七十八人を二十年以上にわたって追跡調査した、修道女研究《ナン・スタディ》がある。修道女たちは定期的に健康診断や認知テストを受け、死後には全員の脳が提供されて解剖された。そのうちいくつかの脳で、科学者たちは驚くべきことを発見した。まぎれもなくアルツハイマー病の病変である、プラークの蓄積や神経原線維変化や脳萎縮が生じているのに、生前にはアルツハイマー病の行動兆候をまったく示さなかった修道女がいたのである。

なぜそんなことが起こりうるのだろうか？　これらの修道女に認知症の症状が見られなかったのは、認知予備能が高かったため、つまり、機能するシナプスの数が人より多かったためだと考えられている。正規教育を長く受け、教養があり、刺激的な社会活動や知的活動に定期的に従事している人は、認知予備能が高い。あり余る豊富な神経回路があるために、たとえアルツハイマー病で一部のシナプスが損なわれても、替えがきく場合が多いのだ。代わりとなる神経回路がカバーに入り、生じた異常を気づかれない程度にまで緩和してくれるのである。こうした人々がアルツハイマー病の診断を受ける可能性は低い。

つまり、アルツハイマー病で病変が生じていたとしても、まだダメージを受けていない神経回路を動員することで、抵抗力を持つことが可能なのである。新しいことを学ぶと、こうした神経回路、つまり認知予備能を作り出せるのだ。理想を言えば、新しく学ぶことはできるだけ意味が豊かで、景色、音、連想、感情などを伴うものであることが望ましい。

認知予備能を高めるというのは、クロスワードパズルを解くことではない。パズルや脳トレがアルツハイマー病の発症リスクの低減につながることを示す、説得力のある証拠はない。クロスワードを解くのがうまくはなるだろうが、脳が拡大し、アルツハイマー病に抵抗力を持つようになるわけではない。すでに学んだ情報を単に想起してもあまり意味はない。こうした頭の体操は、よく知っている自宅周辺で、お馴染みの古い道をのんびりドライブするようなものだからだ。

むしろ、まったく新しい神経の道を作り出してみよう。認知的な刺激を与えてアルツハイマー病に抵抗力のある脳を作るなら、ピアノを習ったり、新しい友人を作ったり、行ったことのない街を旅したり、本書を読んだりするといい。そう、これも立派な認知予備能の鍛錬である。

こうした対策をすべて行っていても、いつの日かアルツハイマー病と診断されてしまうことがあるかもしれない。そんなときのために、祖母とグレッグ、そしてこの病とともに生きる何十人もの知り合いの患者さんたちが教えてくれた、三つの大切なメッセージをここにお伝えしようと思う。

・アルツハイマー病と診断されても、明日死んでしまうわけではない。生き続けよう。
・感情の記憶を失うことはない。アルツハイマー病患者となっても、愛と喜びは理解できる。
五分前に私が言ったことを忘れ、私がだれかを忘れてしまっても、私があなたをどんな気持ちにしたかを忘れることはない。
・あなたは、あなたの記憶よりも、もっとずっとすばらしい存在である。

18

記憶のパラドックス

でも人間は、記憶だけでできているわけではありません。人間は感情、意志、感受性をもっており、倫理的存在です。……この領域において、あなたは彼の心に達し、彼を変えることができるかもしれないのです。

――アレクサンドル・ルリヤ（オリヴァー・サックス『妻を帽子とまちがえた男』高見幸郎・金沢泰子訳、早川書房）

ほぼ何をするにも記憶は欠かせない。記憶があるおかげで、歩き方、話し方、歯の磨き方、本の読み方、メールの打ち方がわかる。自分の住所を覚え、コンピュータのパスワードを暗記し、二十％のチップを暗算できる。愛する人の顔を識別できるのは記憶のおかげだ。記憶力が驚異のスーパーパワーであることに疑問の余地はない。だが忘れてならないのは、記憶はお茶の約束をすっぽかしてばかりいる忘れっぽい友人にも、ディズニー・ワールドを訪れた信じ込みやすい園児にもなりうるという点である。記憶、とくに去年起きたことに関する記憶や、今日やろうとしていることに関する記憶は、不完全で、不正確で、あちこち作話され、当てにならないことで有名だ。グーグルやカレンダーといった外部の力を借りて外在化したほうが、ましになる場合が多い。

ではそれを知ったうえで、記憶とどのような関係を保てばよいのだろう？　記憶力に対してとるべきスタンスは？　全知全能の帝王として崇めるべきか、それとも困った欠陥があり馬鹿げた間違いをしでかす存在として、記憶力（ひいては自分自身）をけなし、腐ったトマトを投げつけるべきなのか？　最も分別のある答えは、その中間をとるというものだろう。

どうか、このパラドックスがもたらす葛藤を受け入れる努力をしていただけたらと思う。記憶は全であり、無でもあるのだ。この意見が極端に過ぎるように聞こえたなら、やや和らげたこちらのバージョンはいかがだろうか。記憶はきわめて大切であると同時に、たいしたことではないのだ。記憶を重要視しつつも、大げさに考えすぎないのがいいのではないだろうか。

記憶をきわめて重要だと思う心があるなら、記憶の真価を高く評価し、記憶力を保つよう努力することもできるだろう。適切なツールを用いれば、記憶力には無限のポテンシャルがあることも理解できるはずだ。知らない言語を習得することも、ギターを弾くことも、テストでAを取ることも可能だ。記憶力に感謝の念を抱けるようになれば、しめたものだ。多くの研究結果が示すように、感謝の念は幸福感と心身の健やかさの向上につながるのである。

それと同時に、記憶などたいしたことではないと気軽に構えられれば、記憶力が持つあまたの欠点にも心乱されず、物忘れの失敗を許せるようになる。

・小学校三年生のときの担任の名前が出てこない？　大丈夫。ずいぶん昔の話だ。思い返すことのない記憶は、時が経てば薄れていく。

・水曜日の晩ごはんが思い出せない？　だとしても別に困らない。たぶんスパゲッティだったのだろう。

・子どもが図書館から延滞している本を返すのを忘れた？　よくあることだ。カレンダーアプリに予定を入れておかないと、往々にしてそうなる。

・サンドラ・ブロック主演の、アメフト選手の映画の題名をど忘れした？　じきに思い出すだろう。いますぐグーグル検索をして、さっさとケリをつけるのもいい。

・おととしのメイン州への家族旅行で、貸別荘での滞在を三日早く切り上げたのは、雨続きだったからだとパートナーが言い張っている。でもあなたの記憶ではあの週はずっと晴れていたし、帰ったのは帰宅予定日の前日だし、理由は息子が足首をくじいて、サッカーの練習が始まる前にお医者さんに診てもらいたかったからだ。いったいどちらが正しいのかって？　そんなことはだれにもわからないし、結局のところどうでもいい。おそらくあなたとパートナーの記憶は、どちらも間違っている。こだわるのはやめよう。

・「一セント」と刻印されているのが一セント硬貨の表か裏かを思い出せない？　心配ご無

用。これまでそんな細部に注意を払ったことなどなかったし、知らなくても何の問題もなかったのだから。

うっかりしたときにはそれを自分の忘れっぽさのせいにし、貧弱な記憶力を責めてしまうが、そんなことはしないほうが心も落ち着くし、ストレスも軽減される。慢性ストレスが緩和されたほうが記憶力は高まるうえ、感謝の念の場合と同じく、心身全体の健やかさも向上する。

なかには驚異的な量の情報を暗記できる人もいる。世界記録保持者の原口證は、十一万千七百桁の円周率を暗唱した。チェリストのヨーヨー・マは、何万個もの音符をマッスルメモリーとして体得している。高度に訓練された記憶力は強みではあるだろうが、だからといって、彼らの記憶力が全般的に優れているとは限らない。原口は妻の誕生日を忘れ、ヨーヨー・マはチェロをタクシーのトランクに置き忘れた。高度に訓練された記憶力は、あらゆる問題の解決策でもない。いくら卓越した記憶力の持ち主だろうと、喪失感や失望、失敗と無縁ではない。驚異の記憶力があったところで、幸福や成功が約束されるわけではないのだ。

膨大な情報を暗記できる能力は便利な妙技ではあるが、大方の人は、人生で起きたことを詳細に覚えておくほうが重要だと言うだろう。だがそれはさほど重要ではない。世界でも数えるほどしかいない非常に優れた自伝的記憶の持ち主でないかぎり、人生で起きたことの大半をみなさんは実際には覚えていないからだ。人間の脳は日課や意外性に乏しい記憶を保持するようにはできていないが、私たちの生活のほとんどは日課や意外性に乏しいことをこなすのに費やされるからである。記憶する量を増やして忘却する量を減らすのが、はたして望ましいゴールと言えるだろうか？　毎朝のシャワーの様子を細々と覚えておけたところで、本当によりよい人生が送れるだろうか？

記憶力に対しては、大事なこと以外はすべて忘れてもかまわないと考えるほうが理にかなっているだろう。つまり重要なのは、人生で起きた意義深い出来事の詳細を覚えておく能力なのだ。こうした記憶は自己意識をもたらし、自分の人生の物語を成り立たせ、自己の成長や他者との結びつきを生み出す可能性を秘めている。すべてを覚えておくことは人間の脳には無理だが、脳が覚えている意義深い記憶があるだけで、じつは十分なのかもしれない。

だがたとえそうした意義深い記憶が忘れ去られても、人間であることの意味を決めるのは記憶ではない。友人のグレッグ・オブライエンは、十一年もの長い時間をアルツハイマー病とともに生きている。この病はすでにグレッグから、あまりにも多くの大切な長期記憶を奪ってしまった。今後も多くの記憶が失われるだろう。グレッグにとって、最近の記憶はかすかにうごめく亡霊や影でしかない。記憶は全であり無でもあるが、もしそうでなく、全のみであったなら、グレッグは完全に打ちのめされていただろう。グレッグの記憶障害は、じれったく、腹立たしく、恐ろしく、痛ましいものとして確かにそこに在る。だが、それがグレッグのすべてではない。アルツハイマー病はグレッグのユーモアのセンスを奪うことはできなかったし、今後もできないだろう。いまでも会ったり話したりするたびに、グレッグは見事なユーモアセンスを披露してくれる。グレッグの信仰心、「いま、この瞬間」を全身全霊で楽しむ能力、まわりの人と豊かな関係を築く力は、いまもなお健在だ。記憶力は乏しくとも、グレッグは私の親友の一人である。愛し愛される関係の家族がおり、記憶に残る大切な時間を日々生きている。

人間の豊かな感情を味わうのにも、記憶は必要ではない。人を愛し、愛されていると感じるのに、記憶はいらないのだ。アルツハイマー病で亡くなったとき、祖母は私たち家族をだれ一人認識できなかった。結婚後の姓も、孫も、九人のわが子のことも忘れていた。自宅が自宅とわからず、鏡に映った自分の顔がわからなかった。四年間つきっきりで介護していた娘のメアリーを、親切に家に住まわせてやっているホームレスの女性と思っていた。「コーヒーを一杯おごってくれたら、晩年のおばあさんの記憶力をそなたに授けてやろう」と魔法使いに言われたって、「結構です」と断わりたいくらいの、お粗末な記憶力だった。だが祖母は、亡くなるその日まで、自分が愛されていることを知っていた。私たち家族がだれかはわからなくても、祖母を愛した私たちを、祖母も愛してくれたのである。

記憶を重要視しよう。同時に、大げさに考えすぎないようにしよう。記憶はすべてではない。

まとめ　記憶のためにできること

　これまでにわかっている記憶力の可能性と限界を踏まえたうえで言わせていただくが、おそらく本書の内容を逐一覚えておられる方はいないはずだ。そこで、一番大事なポイントを何点かおさらいしてみよう。起きたことの記憶（エピソード記憶）はそもそも完全に正確であることは稀で、想起や再固定化のたびにさらに不正確になる場合が多い。必要のない情報を忘れるのは、じつはとても有益だ。時間経過や加齢によって記憶は損なわれるが、それはまったく正常な現象であり、病気が進行している兆候ではない。とはいえ、記憶の仕組みを学ばれたみなさんには、記憶力向上のためにできることがいくつかある。

　先週や昨年あったこと、ネットフリックスの新しいパスワード、買い物リスト、どうしてこの部屋に来たのか、あの人の名前、車の駐車場所——こうしたことを記憶する能力を高めたい場合、何ができるのだろうか？　覚えておきたい情報を頭の中に入れる一番いい方法は？　さらにその後、必要に応じて一番簡単に、かつ確実に脳内の情報にアクセスするにはどうしたらいい？　苦労して学んだり覚えたりしたことをなるべく忘れないためには、どうすればいいのだろうか？

1　注意を払おう。

まず注意を払わないと、記憶することはできない。気が散るものは遠ざけよう（さあ、スマホを置いて）。マルチタスクはやめよう。覚えておきたい対象に、積極的に注意を向けよう。目の前の感覚的な情報、感情を喚起する情報、事実に関する情報をしっかり受け止めよう。ヨガやマインドフルネス瞑想を行うと、「いま、この瞬間」への注意力を維持する能力が高められる。注意力を最大限に発揮すれば、記憶力も最大限に活かすことができる。

2　視覚化しよう。

覚えたいものを頭に思い描くと、記憶が強化される。これはつねにそうだ。記憶したい対象を視覚化することで、対象に行き着く神経回路の数が増える。想起に必要な関連付けが強まり、より強固に記憶が形成される。それによって、のちに思い出すのも容易になる。覚えておきたいことをメモするときには、大きな文字で書くか、ピンクの蛍光ペンで線を引くか、メモを丸で囲もう。メモの横に、図表やいたずら書きの絵を書き加えるのもいい。覚えたいことを、頭の中で思い描きやすいものに変えるのがコツだ。

3　意味を付加しよう。

人間は意義深いものを記憶する。以上。覚えておいでだろうか？　ヘルシンキのベテランタクシー運転手は、リストに書かれた通りが実際に運転できる道順で並んでいた場合に限り、運転経験がない学生より多くの通りの名前を覚えられた。チェスのマスターは、駒がランダムでなく対局で実現可能な配置になっていた場合にのみ、盤上の駒の配置を常人より多く記憶できた。こと記憶に関しては、最も重要なのが意味である。

記憶したいことを、自分が大切に思っているものと関連付けよう。覚えたい情報や出来事に関する、物語《ストーリー》を作ろう。ストーリーは覚えやすい。意味があるからだ。

4　想像力をはたらかせよう。

優れた記憶力の持ち主は、想像力も人一倍豊かである。記憶を忘れにくいものにするには、独創的な視覚的イメージを使うとよい。普通の範疇から逸脱した視覚化を行うのである。覚えておきたいものに、奇抜で、ぎょっとするような、醜悪な、性的な、鮮やかな、面白おかしい、物理的に不可能な、相互作用的な要素を付け加えると、記憶が残りやすくなる。スーパーでチョコレートミルクを買うことを覚えておきたいとき、私ならこんな光景を思い浮かべる。〝ザ・ロック〟ことドウェイン・ジョンソンがチョコレート色の牛の乳搾りをしており、牛の乳房の下には口を開けたティナ・フェイが寝そべって、顔中にチョコレートミルクを飛び散らせている、という光景だ。なるべく突拍子もないユニークなイメージにすると、覚えておく確率も高まる。

5　一にも二にも三にも、ロケーション。

作り出した奇妙なイメージに設置場所《ロケーション》を設けてやると、さらに記憶に残りやすくなる。人間の脳は、空間に設置されたものを覚えやすいようにできているからだ。チョコレート色の乳牛がいる場所を、漠然としたどこかではなく、自宅のリビングにしてみよう。これだけで、スーパーに行ったときに、乳搾りのイメージ――ひいてはチョコレートミルクを買うこと――を思い出しやすくなる。リビングが記憶の宮殿で順番にめぐるスポットの一つだと、さらにその確率は高まる。

作家で記憶力選手権優勝者のジョシュア・フォアが、とんでもなく長い数字の羅列や、五十二枚のトランプの順番を百秒で暗記するときに使っている記憶術の秘密の隠し味が、視覚的・空間的イメージだ。フォアによれば、彼はスピーチの内容、人名、クレジットカード番号、買い物リストを覚える際にも、特定の場所で起きる異様な光景を想像する、という手法を利用しているという（たとえば自宅の玄関に、人語を操る馬に乗ったクッキーモンスターがいる、など）。ただしフォアは、この記憶術を使いこなすには膨大な訓練が必要であり、だれもにおすすめできる方法ではないと認めている。覚えたいものがあるとき、いちいち時間をかけて特殊なイメージを付加しなければならないうえに、短時間でそれをこなすには相当な努力とクリエイティブな力量が必要だからだ。

せわしない日常を生きている大半の人にとっては、こうした記憶術は気軽に試せる方法ではないだろう。しかも、おそらく私がトランプを配り終えるよりも早く五十二枚のトランプの順番を丸暗記できるフォアでさえ、冷蔵庫のドアを開けた直後に「何を取ろうとしたんだっけ」と立ち尽くしたり、スマホの置き場所を忘れたりすることがありうるのだ。記憶の天才である原口證ですら、妻の誕生日を忘れるのである。過剰な期待は禁物だ。視覚的・空間的イメージに頼る記憶術を身につけても、記憶力全般が向上するわけではない。スキーのやり方などのマッスルメモリー、先月機内で観た映画の細かい内容の記憶、愛する人の誕生日を覚えておくことは、記憶術では強化できない。

6　個人的なものにしよう。

私が自分本位な態度をよしとすることはめったにないが、記憶力を高めたいときだけは別だ。「優越の錯覚」というものがはたらくからである。自分に関する情報、あるいは自分が行った行為に関する情報を記憶するのは、他者に関する情報、あるいは他者が行った行為に関する情報を保持するよりもたやすいのである。最後にみなさんがキッチンを掃除したときのことと、パートナーやルームメイトが掃除したときのこと、どちらの記憶が容易に浮かんでくるだろうか？　後者の記憶が浮かばない？　それはパートナーやルームメイトが一度もキッチンを掃除していないか、でなければおそらくあなたが優越の錯覚に陥っているのだ。

自分が関与している事柄のほうが記憶しやすいというこの傾向を、上手に活用してみよう。学習内容を個人的なものにするのである。学びたいことを自分の人生や意見と関連付け、記憶を強化しよう。覚えたい内容の主演俳優が自分なら、覚えておける可能性が高くなる。

ジョー・ブロウ氏をインタビューするため、ホテルのロビーで待ち合わせをしているが、当の相手とは会ったことがないとしよう。ホテルがカンファレンスの会場となっているため、ロビーはジョー・ブロウかもしれない男性で混み合っている。あなたはジョー・ブロウをグーグル検索し、写真を見つける。茶色の目に白髪の男性だ。だがそれは目に映った映像にすぎない。それ以上何もしないと、この顔の映像は表面的で自分とは関係のない記憶、要するに記憶に残りにくい記憶として処理されてしまうだろう。

ロビーで見かけてすぐに見分けられるようにしたいなら、ブロウ氏の顔に個人的な関連性をもたせよう。鼻はマイクおじさんそっくりだ。どことなくトーキング・ヘッズのデイヴィッド・バーンにも似ている。十代の頃、「バーニング・ダウン・ザ・ハウス」は大好きな曲の一つだったっけ。さあこれで記憶処理に深みが加わり、個人的な関わりや複数の手がかりが付与された。あっ、見つけた、あの人だ！　新規の情報（ジョー・ブロウ氏の写真）を自分に関わりのある個人的な情報（マイクおじさん、デイヴィッド・バーン）と結びつけることで、情報が強固になり、記憶の想起が促進されたのだ。記憶に関するかぎり、情報はできるだけ個人的なものにするのがおすすめだ。

7　ドラマを追い求めよう。

感情が掻き立てられ、心臓が早鐘を打つような人生経験は——よいものも悪いものも——感情を掻き立てないライフイベントよりも固定化されやすく、忘れにくい。成功、屈辱、失敗、結婚、誕生、離婚、死別といった感情や驚きに満ちた経験は、記憶に残りやすい。感情や驚きによって扁桃体が活性化されると、扁桃体は大声で明確なメッセージを海馬に送る。「おい、海馬！　いま起きていることはとんでもなく重要だぞ。覚えておけ！」。こうして、感情と驚きが新たな記憶の固定化を強力にサポートするのである。

また、強い感情を生じさせる出来事や情報は、本人にとって重要な意味を持つ場合が多い。人生の物語において重要なこうした出来事や情報を、私たちはしばしば語り直す。語り直しによって記憶が思い返され、反復され《リハーサル》、結果的に神経回路が活性化されるため、記憶はより強固になるのである。

8　違うことをしよう。

記憶にとって、単調さは命取りだ。火曜日の夕食に何を食べたか、私ははっきりとは思い出せない。相も変わらぬメニュー――パスタ、ピザ、パニーニ――が頻出する、子どもたちと過ごす典型的な平日の夜だったためだ。火曜の晩ごはんの記憶が破棄されたのは、そのとき食べたものに面白味がなかったからで、人間の記憶システムは面白味がないことには興味を持たない。一方、二〇一五年二月のアカデミー賞授賞式前夜のディナーを、私は細部まで鮮明に覚えている。あのときの経験が重要な意味を持っているからだ。ありがたいことに、あの夜のディナーはマカロニ・アンド・チーズなどではなかった。起きたことを詳しく覚えておきたいなら、習慣《ルーティン》からはみ出そう。赤いフェラーリに乗ったジョージ・クルーニーをご記憶だろうか？日々の経験を、特別な、いつもと違う、当たり前ではないものにする方法を探してみよう。

9　練習が完璧を作る。

意味記憶かエピソード記憶かマッスルメモリーかを問わず、くり返しと反復練習《リハーサル》で記憶は強固になる。意味情報を記憶するには一夜漬けより分散学習のほうが効果があり、過剰学習（テストで百点を取ってもさらに学習し続けること）をすると記憶はさらに強化される。また、学習内容をただ読み直すのではなく自己テストを行えば、記憶率は著しく向上する。

スキルを反復練習すればするほど、マッスルメモリーは強固になり、効率的に想起できるようになる。体はマッスルメモリーの指令に従って動くため、練習を積めば、こうした身体的スキルをこなす体の動かし方も上達する。

日記をつけ、折りに触れ読み返す。何年も前のアルバムの写真やソーシャルメディアの投稿を見返す。回想する（「なあ、～したときのこと覚えてるかい？」）――これらはすべてエピソード記憶をくり返し反復し、強固にするのにいい方法だ。ただし、ご用心を。すでにご存知のとおり、エピソード記憶はディズニー・ワールドを訪れた天真爛漫な園児と同じである。起きたことの記憶は思い出すたびに強化はされるだろうが、おそらくは少しずつ変えられてもいるのだ。

10　想起のための強力な手がかりを十分に用意しよう。

記憶の想起には手がかりが欠かせない。何十年も考えもしなかった記憶でも、適切な手がかりさえあれば思い出すことができる。特定の記憶を思い出す確率を高めたいなら、記憶の活性化にたどりつくための強力な神経回路を複数作り出すことだ。

手がかりは、思い出したい内容と関連のあることなら何でもいい。決まった時間、ピルケース、玄関の床に置いたコンサートチケット、テイラー・スウィフトの歌、人語を操る馬に乗ったクッキーモンスター、洗濯洗剤「タイド」の香り。なかでも匂いは、記憶を引き出す強力な手がかりとなる。匂いは嗅球（匂いを処理する脳領域。匂いは鼻で嗅いでいるのではなく、脳で嗅いでいるのだ！）から大脳辺縁系（扁桃体と海馬があるところ）に送られるが、この信号はとても強力なため、匂いと感情と記憶のあいだには豊かで濃密な神経回路が構築されるのだ。

エレベーターに入ると、女性が一緒に乗り込んできた。息を吸い込むと同時にあなたは気づく。カルヴァン・クラインのオブセッションだ。とたんに、もう何年も思い出すこともなかった大学時代の彼女の思い出が、一気によみがえってくる。

11　ポジティブでいよう。

「どうも記憶力が悪くて」とおっしゃる方によくお会いする。そのたびに私は、そうおっしゃるからにはそうなのだろうと考えている。加齢に関するネガティブな単語リストを高齢者に見せた実験がある。たとえば以下のような単語だ。

老いぼれた
ボケた
障害がある
弱った

それに対し、同じ年齢の別の被験者グループには、加齢に関する以下のようなポジティブな単語リストを見せた。

賢い
年長の
かくしゃくとした

経験豊かな

その後記憶テストと体力テストを行ったところ、ネガティブな単語を見せられた被験者は、ポジティブな単語を見せられた被験者よりもテスト結果が悪かった。自尊感情が高いほど能力を発揮するのは、人に限った話ではない。記憶力も、記憶が得意だという自負があるほど、よくはたらくのである。よく覚えているなと自分の記憶力を褒め、人にも自慢しよう。そうすることで記憶力が向上し、物忘れも減るはずだ。

12　記憶を外在化しよう。

予定を覚えておくのが得意な人ほど、リスト、ピルケース、カレンダー、付箋といった記憶力を補助するツールを用いている。「ちょっと待ってください」とおっしゃるかもしれない。「自力で覚えておこうとせず、脳の外部にあるこうした記憶の『松葉杖』に頼りすぎると、記憶力が衰えるんじゃないですか?」。そんな心配はご無用である。どうか存分にメモをとっていただきたい。

展望記憶（あとでやろうと思っていることに関する記憶）は、もともとまるで当てにならない。来月の第一月曜日の午後四時に歯医者の予約を入れたとしよう。自力で覚えておこうとするのもいいし、スマホのカレンダーアプリに予定を入れるのもいい。だが展望記憶にうっかり忘れが多いことを鑑みると（タクシーのトランクに高価なチェロを置き忘れたヨーヨー・マをご記憶だろうか？）、個人的にはスマホの利用を強くおすすめする。

こう言うと、たいてい次のような質問が矢継ぎ早に飛んでくる。「スマホを使うと、頭が悪くなるんじゃありませんか？　知人の電話番号を呼び出すのにスマホに頼ったり、思い出せない名前を全部グーグル検索したりしていたら、じきにデジタルデバイスに依存してしまい、『デジタル健忘症』に陥ってしまうのでは？」

人工知能（ＡＩ）と認知科学のエキスパートで、Ｓｉｒｉの共同開発者でもあるトム・グルーバーは、こう教えてくれた。「いいえ。記憶補助ツールを使っても記憶力は失われません」。私たちはすでに、記憶力の仕事のかなりの部分をスマートフォンに肩代わりしてもらっている。そして、それは何ら悪いことではない。「コンピュータやスマホは、欲しい情報を呼び出す代替手段というだけです」

みなさんも私のように、わが子の電話番号さえ覚えていないかもしれない。でも、覚えておく必要があるだろうか？　確かに時間をかければ電話番号を暗記することはできるだろうが、必要性がないのだ。それに電話番号を暗記していないからといって、頭が悪いことにはならない。私のスマホの連絡先には二千件以上の電話番号が登録されている。それをすべて暗記したところで、私の記憶力にとっていいことは一つもない。

意味記憶を覚えておく仕事の一部をグーグルに分担してもらえば、画期的なパートナーシップが築けるかもしれない。グルーバーは言う。「こうすることで、脳がアクセスできる情報を指数関数的に、無限に広げることができるのです。もう、小学校や大学で習った事実や数字に頼る必要はありません。グーグルなら、何を聞いても答えが返ってきます。人生はいまや、教科書やノート持ち込み可のテストと同じになったのです」。グーグル検索で得た情報で意味記憶の機能を補助すれば、さらに多くのことを学び、知る機会を手にできるのだ。

エピソード記憶に関しても同じことが言える。二年前、私は恋人のジョーとヴェネツィアを旅した。私は泊まったホテルの名前も、友人のキャスリーンと一緒に食事したレストランの名前も、一緒に空けた最高のワインの銘柄も、カヤックをレンタルした場所の名前も覚えていない。だが旅行中に位置情報を埋め込んだ写真を撮り、写真をインスタグラムに投稿する際には何をしたかをキャプションで説明し、カレンダーの予定にホテル名を書いておいたおかげで、スマホを見れば記憶の断片をつなぎ合わせ、細部まで正確な鮮明なヴェネツィア旅行のエピソード記憶を再構築できるのである。

だから、もう恐れることなくテクノロジーに記憶力の仕事を分担してもらおう。メガネによる視力矯正をためらう人はいない。だったら、記憶の補助だってかまわないではないか？　どんなに偉大な記憶力も完璧ではない。スマホに補助してもらった記憶のほうが、自力で想起した記憶よりも、たいていは当てになるはずだ。

13　文脈が肝心だ。

記憶は、それが形成されたときの内在的・外在的文脈（つまり自分の心的状態や周囲の状況などの条件）が一致したほうが、はるかに容易に、すばやく、より完全に思い出せる。海中とビーチで単語を学んだダイバーの実験で見たように、学習時の状況が想起を左右するのである。モカフラペチーノを飲みながらテスト勉強をしたのなら、モカフラペチーノを飲みながらテストを受けよう。

14　リラックスしよう。

たいていの人は日常的にストレスにさらされているが、記憶力にとって慢性ストレスは悪いニュースでしかない。慢性ストレスがあると多くの病気にかかりやすくなるだけでなく、記憶力が阻害され、海馬が萎縮する。日々のストレスから自由になるのは難しくても、ストレスに対する反応は変えることができる。ヨガ、瞑想、運動、マインドフルネスなどを実践し、感謝の念や思いやりの心を持つことによって、ストレスにあまり反応しないように脳を訓練し、ストレス反応の暴走に歯止めをかけ、有害な慢性ストレスを受けても脳の健康を保つことが可能となるのである。

15　睡眠をたっぷりとろう。

新しく形成された記憶を最善の状態で固定化するには、毎晩七時間から九時間の睡眠が必要だ。学習し経験したことを長期記憶として貯蔵するためには、睡眠が不可欠である。睡眠不足だと、翌日ある種の健忘症に陥る。前日の記憶の一部がぼやけて不正確になり、ときには失われてしまう。しかも寝不足によって、アミロイドの蓄積量も増加する。十分な睡眠をとることで、アルツハイマー病の発症リスクも軽減できるのだ。

16　名前を覚えておきたいときは、ベイカーさんをパン屋《ベイカー》さんにしよう。

さあこれが何を意味するか、あなたは覚えていますか？

謝辞

本書の出版にお力添えをいただいたすべての皆様に心から感謝いたします。ジェニファー・ルドルフ・ウォルシュは私のアイディアに賛同して出版にご尽力くださり、スザンヌ・グラックはそのバトンを熱意をもってつないでくださいました。このプロジェクトの成功を信じてくださったジーナ・セントレロのおかげで、本書はランダムハウスのラインナップに加わることとなりました。タミー・ブレイク、パトリシア・ボイド、マーニー・コクラン、ダニエル・カーティス、ブリアン・スパーバー、メリッサ・サンフォード、クリスティーナ・フォックスリー、そしてランダムハウスのチーム全員に感謝申し上げます。なかでも編集者のダイアナ・バローニには、本書の最高のバージョンを見つける手助けをしていただきました。

本書が一言一句に至るまで誠実な本となれたのも、ベイツ大学心理学名誉教授ジョン・ケルシー博士に草稿を手直ししていただいたおかげです。今回もご協力いただけて幸甚に存じます。

ハーバード・メディカル・スクール精神科の助教で大切な友人でもあるエドワード・メローニ博士には、ＰＴＳＤと記憶に関する最新の知見をご教示いただきました。

以下の方々にも感謝申し上げます。変わらぬ友情を示してくださるマリル・ヘナーには、非常に優れた自伝的記憶を持ちながら生きることについて、興味の尽きないお話を数多く伺えました。トム・グルーバーにもお時間を割いていただき、人工知能と人間の記憶について、また記憶の仕事の一部を外部のテクノロジーに肩代わりしてもらうことの利点について、ご意見を伺うことができました。ジョシュア・フォアには、記憶力選手権優勝というご自身の経験について、また日々の生活に記憶術を用いるメリットとデメリットについて忌憚のないお話を伺えました。ロベルト・ボルガッティには、どのような手順でゴルフクラブのスイングを身につけるかをご説明いただきました。大好きな友人のグレッグ・オブライエンには、アルツハイマー病による記憶障害を患う心境を腹蔵なく語っていただきました。あなたは私のヒーローよ、グレッグ。

最後になりますが、草稿を熱心に読んでくださった以下の方々に心からの愛と感謝を捧げます。アン・ケアリー、ローレル・デイリー、ジョー・ダイチ、メアリー・ジェノヴァ、トム・ジェノヴァ、キム・ハウランド、メアリー・マグレガー。おかげさまで最高に楽しい執筆になりました。みんな、本当にありがとう！

訳者あとがき

個人的な話で恐縮だが、私はかなり忘れっぽいほうだ。とくに人の名前を覚えるのは大の苦手で、好きなミュージシャンや作家の名前が出てこないといったど忘れはしょっちゅうある。なかでも困るのが、娘の保育園時代に付き合いがあったかつてのママ友と、数年ぶりにばったり出くわすといったシチュエーションだ。「あら、お久しぶり！」などと声をかけられようものなら、もう万事休す。「ああ、どうもー」と笑顔で応えながらも、内心は冷や汗たらたらで、自分の物覚えの悪さを呪いつつ、「何さんだっけ……」と必死に脳内を探し回ることになる。

だがこうした苛立たしく恥ずかしい物忘れも、脳の進化の仕方や記憶の仕組みを知っていれば、ごく当たり前の正常な反応だとわかると、本書の著者リサ・ジェノヴァは言う。薬を飲み忘れたり、部屋に入ったとたんに何を取りに来たのか忘れてしまっても、記憶力のなさを気に病む必要も、ましてや障害や病気の心配をする必要もない。人間の脳はデフォルトで忘れっぽくできており、雑多な情報を覚えておく仕様にはなっていないというのだ。そうは言っても、ひどいうっかりをするのが「正常」な状態だとは、なかなか思えないのが正直なところだ。

その一方で、私たちはともすれば、脳裏に刻まれた鮮明な記憶には絶対の自信を抱く。たとえば二〇一一年三月十一日、東日本大震災が発生した瞬間にだれと何をしていたかと聞かれれば、おそらくほとんどの人が詳細にわたる記憶を語ることができるだろう。だがジェノヴァによれば、そういった社会的に重大な事件に伴う鮮明な記憶も、まず間違いなく事実とは異なるという。

忘れっぽいのが正常で、鮮明な記憶があてにならないと言われても、いずれもにわかには信じがたい。だが著者は、丹念に積み重ねた証拠でそんな私たちの疑念を一つ一つ解きほぐし、記憶の持つ驚異的な威力と、その意外な弱点をつまびらかにしていく。最初は半信半疑で読み進めていた方も、本書を通読したあとには、一部の記憶はまったく信用がおけないという著者の考えを全面的に受け入れているに違いない。それと同時に、どれほど忘れっぽく、記憶力に自信のない人でも、本書を読み終える頃には、きっと物忘れやうっかりミスに対する不安が和らぎ、ポジティブに対処法を考えられるようになっているはずだ。忘れるのは怖くない。そう信じられるだけの力強さと説得力が、リサ・ジェノヴァの声にはある。

著者のリサ・ジェノヴァは、ベイツ大学で生物心理学の学位を取得後、ハーバード大学で神経科学の博士号を取得した才媛だ。これまでにその専門知識を生かした五作の小説を世に出し、「小説界のオリヴァー・サックス」とも称される人気作家となっている。端緒となったのが、二〇〇七年に自費出版した小説『アリスのままで』だ。言語学の教授で、三人の子の母でもある聡明な主人公アリスが、五十歳にして若年性アルツハイマー病を発症してしまうというフィクションである。徐々に自我が崩壊していく恐怖と苦悩、そして家族の愛を描いたこの物語は、多くの読者の胸を打ち、二六〇万部を超えるベストセラーとなった。二〇一四年にはジュリアン・ムーア主演で映画化もされ、ムーアに初のアカデミー主演女優賞をもたらしている。

ジェノヴァ初のノンフィクションとなる本書『*Remember: The Science of Memory and the Art of Forgetting*』は、二〇二一年に刊行された。記憶はどのように作られるのかという脳科学入門を皮切りに、記憶にはどのような種類があるのか、なぜ生きるために忘却が欠かせないのか、正常な老化と認知症の違いは何か、どうしたら物忘れを防げるのかといっただれもが知りたいテーマを、一般読者向けにわかりやすく解説した一冊だ。神経科学の専門家であり、小説家でもあるというジェノヴァの強みは、本書でも遺憾なく発揮されている。発売直後から売れ行きは好調で、ニューヨーク・タイムズ紙ベストセラーリスト入りも果たしている。

原題に「The Art of Forgetting（忘れるコツ）」が入っていることからもわかるとおり、本書は記憶に関する本であると同時に、忘却について解き明かした本でもある。むしろ本書の眼目は、「なぜ私たちはこんなにも忘れっぽいのか」「このうっかりは正常な物忘れなのか、それとも認知症の初期症状なのか」「物忘れを減らす方法はあるのか」など、忘れっぽさに関してだれもが抱く不安や疑問に、真摯に答えようとしたところにある。さらに本書には、どうしたらうっかりミスを防げるのか、どうしたらアルツハイマー病を予防できるのかといった具体的な対処法もまとめられており、記憶のハウツー本としても出色の出来栄えとなっている。記憶力を高め、物忘れを減らすのに有効な、十六項目の対策を箇条書きにした最終章だけでも、一読の価値があるだろう。

だが何といっても特筆すべきは、その文体かもしれない。ユーモアと親しみやすさに満ちたジェノヴァの語り口は、心憎いほどによどみない。まるで話し上手な知人の鉄板ネタに耳を傾けているときのように、こちらはつい話に引き込まれ、ページを繰る手が速くなる。記憶と忘却のメカニズムを理解するのに最低限必要な学術的知識を伝える際にも、ジェノヴァの口ぶりは、あくまで気取らない友人のそれだ。

身の回りで起きる具体的な事例や喩えがふんだんに盛り込まれた本書を読めば、何が人の記憶に残りやすいかを知り尽くした人気作家ならではの巧みな話術が堪能できるが、それは単なる技巧にとどまらない。脳科学や心理学における知見をエビデンスとして引き合いに出しつつも、ジェノヴァの筆は、終始私たちの日常的な関心から逸れることがない。ジェノヴァが目指すゴールは、有名人の名前をど忘れし、スーパーで肝心の食材を買い忘れてしまう、ドジで忘れっぽい〝あなたや私〟の視点から記憶を科学することなのだ。そしてその首尾一貫したジェノヴァの姿勢は、なぜ本書がアメリカでこれほど多くの読者に支持されたかという秘密にもつながっていく。

科学的素養に裏打ちされた著者の知性や、その巧みな筆致、記憶の入門書としての優れた構成は、本書を良書たらしめる要素ではあるだろうが、おそらくそれだけでは十分ではない。本書の一番の魅力は、ジェノヴァが人々に向けるまなざしが、つねに温かく人情味にあふれていること――その血の通ったぬくもりにあるのではないだろうか。本書には、若年性アルツハイマー病に侵されたジャーナリストの友人グレッグや、晩年に認知症を患った亡き祖母のエピソードが数多く登場する。ジープを運転してごみ捨て場にやってきたグレッグが、ごみを捨てたはいいが、目の前のジープが自分の車であることを思い出せず、どうやって帰ろうと途方に暮れて立ち尽くした話などは、読んでいるだけで胸ふたがる思いがする。だが認知症の過酷な現実を描きつつも、ジェノヴァの文章の行間には、観察者や研究者ではない、あくまで当事者に寄り添う家族や友人としての真心や愛情がにじみ出ている。身内に認知症の患者がいた、あるいは現にいる方々にとっては、ことに以下のようなジェノヴァの言葉が胸に響くのではないだろうか。

だがたとえそうした意義深い記憶が忘れ去られても、人間であることの意味を決めるのは記憶ではない。

あなたは、あなたの記憶よりも、もっとずっとすばらしい存在である。

ジェノヴァが言うように、「記憶はきわめて大切であると同時に、たいしたことではないのだ」。そう思うことで心の安らぎをおぼえる読者の方が、一人でも多くいてくださることを、訳者としても願ってやまない。

最後になるが、白揚社編集部の阿部明子氏には、多くの貴重な示唆やご指摘をいただいた。ここに厚く御礼申し上げる。

二〇二三年二月

小浜　杳

はなぜ都合よく記憶するのか　記憶科学が教える脳と人間の不思議』服部由美訳、講談社]

Slotnick, S. D. *Cognitive Neuroscience of Memory.* New York: Cambridge University Press, 2017.

Snowdon, D. A. "Healthy Aging and Dementia: Findings from the Nun Study." *Annals of Internal Medicine* 139 (2003): 450–454.

Squire, L. R., and E. R. Kandel. *Memory: From Mind to Molecules.* Greenwood Village, CO: Roberts & Co., 2009.［ラリー・R・スクワイア／エリック・R・カンデル『記憶のしくみ』小西史朗・桐野豊監修、講談社]

Walker, M. P. *Why We Sleep: Unlocking the Power of Sleep and Dreams.* New York: Scribner, 2017.［マシュー・ウォーカー『睡眠こそ最強の解決策である』桜田直美訳、ＳＢクリエイティブ]

Walker, M. P., and R. Stickgold, "Sleep-Dependent Learning and Memory Consolidation." *Neuron* 44 (2004): 121–123.

Wilson, R. S., D. A. Evans, J. L. Bienias, C. F. Mendes de Leon, J. A. Schneider, and D. A. Bennett. "Proneness to Psychological Distress Is Associated with Risk of Alzheimer's Disease." *Neurology* 6 (2003): 1,479–1,485.

Winograd, E., and U. Neisser. *Affect and Accuracy in Recall: Studies of "Flashbulb"* Memories. Emory Symposia in Cognition. New York: Cambridge University Press, 1992.

Pink, D. H. *When: The Scientific Secrets of Perfect Timing*. New York: Riverhead Books, 2018.［ダニエル・ピンク『When　完璧なタイミングを科学する』勝間和代訳、講談社］

Reisberg, D., and P. Hertel. *Memory and Emotion*. New York: Oxford University Press, 2004.

Salthouse, T. A. “The Processing-Speed Theory of Adult Age Differences in Cognition.” *Psychological Review* 103 (1996): 403–428.

———. “Attempted Decomposition of Age-Related Influences on Two Tests of Reasoning.” *Psychology and Aging* 16 (2001): 251–263.

———. “Perspectives on Aging.” *Psychological Science* 1 (2006): 68–87.

Salthouse, T. A., D. E. Berish, and J. D. Miles. “The Role of Cognitive Stimulation on the Relations Between Age and Cognitive Functioning.” *Psychology and Aging* 17 (2002): 548–557.

Schacter, D. L. *The Seven Sins of Memory: How the Mind Forgets and Remembers*. New York: Houghton-Mifflin, 2001.［ダニエル・L・シャクター『なぜ、「あれ」が思い出せなくなるのか　記憶と脳の７つの謎』春日井晶子訳、日本経済新聞出版］

Schmolck, H., A. W. Buffalo, and L. R. Squire. “Memory Distortions Develop over Time: Recollections of the O. J. Simpson Verdict After 15 and 32 Months.” *Psychological Science* 11 (2000): 39–45.

Schwartz, B. L. *Memory: Foundations and Applications*. Thousand Oaks, CA: Sage Publications, 2018.

Schwartz, B. L., and L. D. Frazier. “Tip-of-the-Tongue States and Aging: Contrasting Psycholinguistic and Metacognitive Perspectives.” *Journal of General Psychology* 132 (2005): 377–391.

Schwartz, B. L., and J. Metcalfe. “Tip-of-the-Tongue (TOT) States: Retrieval, Behavior, and Experience.” *Memory and Cognition* 39 (2011): 737–749.

Sedikides, C., and J. D. Green. “Memory As a Self-Protective Mechanism.” *Social and Personality Psychology Compass* 3, no. 6 (2009): 1,055–1,068.

Shaw, J. *The Memory Illusion: Remembering, Forgetting, and the Science of False Memory*. New York: Random House, 2016.［ジュリア・ショウ『脳

Amherst, NY: Prometheus Books, 2019.

Mäntylä, T., and L. G. Nilsson. "Remembering to Remember in Adulthood: A Population-Based Study on Aging and Prospective Memory." *Aging, Neuropsychology, and Cognition* 4 (1997): 81–92.

McDaniel, M. A., and G. O. Einstein. *Prospective Memory: An Overview and Synthesis of an Emerging Field.* Thousand Oaks, CA: Sage, 2007.

McGaugh, J. L. *Memory and Emotion: The Making of Lasting Memories.* New York: Columbia University Press, 2003. ［ジェームズ・L・マッガウ『記憶と情動の脳科学　「忘れにくい記憶」の作られ方』大石高生・久保田競監訳、講談社］

Melby-Lervag, M., and C. Hulme. "There Is No Convincing Evidence That Working Memory Training Is Effective." *Psychonomic Bulletin & Review* 23 (2015): 324–330.

Miller, G. A. "The Magical Number Is Seven, Plus or Minus Two: Some Limits on Our Capacity for Processing Information." *Psychological Review* 63 (1956): 81–97.

Neupert, S. D., T. R. Patterson, A. A. Davis, and J. C. Allaire. "Age Differences in Daily Predictors of Forgetting to Take Medication: The Importance of Context and Cognition." *Experimental Aging Research* 37 (2011): 435–448.

Nickerson, R. S., and J. J. Adams. "Long-Term Memory for a Common Object." *Cognitive Psychology* 11 (1979): 287–307.

O'Brien, G. *On Pluto: Inside the Mind of Alzheimer's.* Canada: Codfish Press. 2018.

O'Kane, G., E. A. Kensinger, and S. Corkin. "Evidence for Semantic Learning in Profound Amnesia: An Investigation with H.M." *Hippocampus* 14 (2004): 417–425.

Patihis, L., and E. G. Loftus. "Crashing Memory 2.0: False Memories in Adults for an Upsetting Childhood Event." *Applied Cognitive Psychology* 31 (2016): 41–50.

Peterson, L. R., and M. J. Peterson. "Short-Term Retention of Individual Verbal Items." *Journal of Experimental Psychology* 58, no. 3 (1959): 193–198.

Holzel, B., J. Carmody, M. Vangel, C. Congleton, S. M. Yerramsetti, T. Gard, and S. W. Lazar. "Mindfulness Practice Leads to Increases in Regional Brain Gray Matter Density." *Psychiatry Research* 191 (2011): 36–43.

Isaacson, R. S., C. A. Ganzer, H. Hristov, K. Hackett, E. Caesar, R. Cohen, et al. "The Clinical Practice of Risk Reduction for Alzheimer's Disease: A Precision Medicine Approach." *Alzheimer's & Dementia.* 12 (2018): 1663–1673.

Johansson, L., X. Guo, M. Waern, S. Östling, D. Gustafson, C. Bengtsson, and I. Skoog. "Midlife Psychological Stress and Risk of Dementia: A 35-Year Longitudinal Population Study." *Brain* 133 (2010): 2,217–2,224.

Karpicke, J. D., and H. L. Roediger. "The Critical Importance of Retrieval for Learning." *Science* 319 (2008): 966–968.

Kivipelto M. A. Solomon, S. Ahtiluoto, T. Ngandu, J. Lehtisalo, R. Antikainen, et al. "The Finnish Geriatric Intervention Study to Prevent Cognitive Impairment and Disability (FINGER): Study Design and Progress." *Alzheimer's & Dementia.* 9 (2013): 657–665.

Loftus, E. F. "Reconstructing Memory: The Incredible Eyewitness." *Psychology Today* 8 (1974): 116–119.

———. "When a Lie Becomes a Memory's Truth: Memory Distortion After Exposure to Misinformation." *Current Directions in Psychological Science* 1 (1992): 121–123.

Loftus, E. F., and J. C. Palmer. "Reconstruction of Automobile Destruction: An Example of the Interaction Between Language and Memory." *Journal of Verbal Learning and Verbal Behavior* 13 (1974): 585–589.

Loftus, E. F., and G. Zanni. "Eyewitness Testimony: The Influence of the Wording of a Question." *Bulletin of the Psychonomic Society* 5 (1975): 86–88.

Loftus, E. F., and J. E. Pickrell. "The Formation of False Memories." *Psychiatric Annals* 25 (1995): 720–725.

MacKay, D. G. *Remembering: What 50 Years of Research with Famous Amnesia Patient H.M. Can Teach Us about Memory and How It Works.*

Dittrich, L. *Patient H.M.: A Story of Memory, Madness, and Family Secrets.* New York: Random House, 2016.

Ebbinghaus, H. *Memory: A Contribution to Experimental Psychology.* New York: Dover Publications, 1885; reprint 1964. ［ヘルマン・エビングハウス『記憶について　実験心理学への貢献』宇津木保訳、望月衛閲、誠信書房］

Eich, E. "Memory for Unattended Events: Remembering With and Without Awareness." *Memory & Cognition* 12 (1984): 105–111.

Eichenbaum, H. *The Cognitive Neuroscience of Memory: An Introduction.* 2nd ed. New York: Oxford University Press, 2012.

Foer, J. *Moonwalking with Einstein: The Art and Science of Remembering Everything.* New York: Penguin Books, 2011. ［ジョシュア・フォア『ごく平凡な記憶力の私が１年で全米記憶チャンピオンになれた理由』梶浦真美訳、エクスナレッジ］

Godden, D. R., and A. D. Baddeley. "Context-Dependent Memory in Two Natural Environments: On Land and Under Water." *British Journal of Psychology* 66 (1975): 325–331.

Gothe, K., K. Oberauer, and R. Kliegl. "Age Differences in Dual-Task Performance After Practice." *Psychology and Aging* 22 (2007): 596–606.

Henner, M. *Total Memory Makeover: Uncover Your Past, Take Charge of Your Future.* New York: Gallery Books, 2013.

Hirst, W., E. A. Phelps, R. L. Buckner, A. E. Budson, A. Cuc, J. D. E. Gabrieli, and M. K. Johnson. "Long-Term Memory for the Terrorist Attack of September 11: Flashbulb Memories, Event Memories, and the Factors That Influence Their Retention." *Journal of Experimental Psychology: General* 138 (2009): 161–176.

Hirst, W., E. A. Phelps, R. Meksin, C. J. Vaidya, M. K. Johnson, K. J. Mitchell, and A. Olsson. "A Ten-Year Follow-Up of a Study of Memory for the Attack of September 11, 2001: Flashbulb Memories and Memories for Flashbulb Events." *Journal of Experimental Psychology: General* 144 (2015): 604–623.

文献案内

Baddeley, A. *Working Memory*. Oxford, U.K.: Clarendon, 1986.

———. "Working Memory, Theories Models and Controversy." *Annual Review of Psychology* 63 (2012): 12.1–12.29.

Baddeley, A., M. W. Eysenck, and M. C. Anderson. *Memory*. 2nd ed. New York: Psychology Press, 2015.

Bjork, R. A., and A. E. Woodward. "Directed Forgetting of Individual Words in Free Recall." *Journal of Experimental Psychology* 99 (1973): 22–27.

Blake, A. B., M. Nazarian, and A. D. Castel. "The Apple of the Mind's Eye: Everyday Attention, Metamemory, and Reconstructive Memory of the Apple Logo." *Quarterly Journal of Experimental Psychology* 68 (2015): 858–865.

Brown, J. "Some Tests of the Decay Theory of Immediate Memory." *Quarterly Journal of Experimental Psychology* 10, no. 1 (1958): 12–21.

Butler, A. C., and H. L. Roediger III. "Testing Improves Long-Term Retention in a Simulated Classroom Setting." *European Journal of Cognitive Psychology* 19 (2007): 514–527.

Charles, S. T., M. Mather, and L. L. Carstersen, "Aging and Emotional Memory: The Forgettable Nature of Negative Images for Older Adults." *Journal of Experimental Psychology: General* 132, no. 1 (2003): 310–324.

Corkin, S. "What's New with Amnesic Patient HM?" *Nature Reviews Neuroscience* 3 (2002): 153–160.

———. *Permanent Present Tense: The Unforgettable Life of the Amnesiac Patient, H.M.* New York: Basic Books, 2013.［スザンヌ・コーキン『ぼくは物覚えが悪い　健忘症患者Ｈ・Ｍの生涯』鍛原多恵子訳、早川書房］

リサ・ジェノヴァ（Lisa Genova）
作家、神経科学者。ベイツ大学で生物心理学の学位、ハーバード大学で神経科学の博士号を取得。世界各地で神経疾患について講演を行うかたわら、テレビやラジオなど数々のメディアに出演。TEDトーク「アルツハイマー病を予防するためにできること」は800万回以上視聴されている。
著書『アリスのままで』（古屋美登里訳、キノブックス）は世界的なベストセラーとなり、ジュリアン・ムーア主演で映画化されてアカデミー賞（主演女優賞）を受賞した。

小浜　杏（こはま　はるか）
翻訳家。東京大学英語英米文学科卒。書籍翻訳のほか、英語字幕翻訳も手がける。
訳書に『人はなぜ物を欲しがるのか』『ライズ・オブ・eスポーツ』（以上、白揚社）、『サーティーナイン・クルーズ』シリーズ（KADOKAWA）、『WILD RIDE（ワイルドライド）』（東洋館出版社）ほか多数。

Remember: The Science of Memory and the Art of Forgetting
by **Lisa Genova**

ISBN 978-4-8269-0246-5

Remember 記憶《きおく》の科学《かがく》
しっかり覚《おぼ》えて上手《じょうず》に忘《わす》れるための18章《しょう》

二〇二三年五月十六日　第一版第一刷発行
二〇二三年九月十三日　第一版第三刷発行

著者　リサ・ジェノヴァ
訳者　小浜《こはま》杳《はるか》
発行者　中村幸慈
発行所　株式会社　白揚社　©2023 in Japan by Hakuyosha
〒１０１－００６２　東京都千代田区神田駿河台１－７
電話０３－５２８１－９７７２　振替００１３０－１－２５４００
装幀　西垂水敦・市川さつき（krran）
印刷・製本　中央精版印刷株式会社